转化率
实战技巧从入门到精通

营销铁军◎著

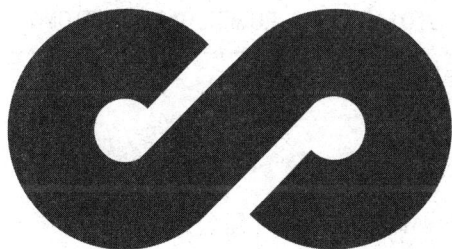

民主与建设出版社

·北京·

© 民主与建设出版社，2020

图书在版编目 (CIP) 数据

转化率实战技巧从入门到精通 / 营销铁军著 . — 北
京 : 民主与建设出版社 , 2020.7
ISBN 978-7-5139-3063-5

Ⅰ . ①转… Ⅱ . ①营… Ⅲ . ①网络营销 Ⅳ .
① F713.365.2

中国版本图书馆 CIP 数据核字 (2020) 第 091443 号

转化率实战技巧从入门到精通
ZHUANHUALÜ SHIZHAN JIQIAO CONG RUMEN DAO JINGTONG

著　　者	营销铁军	
责任编辑	胡　萍	
装帧设计	尧丽设计	
出版发行	民主与建设出版社有限责任公司	
电　　话	（010）59417747　59419778	
社　　址	北京市海淀区西三环中路 10 号望海楼 E 座 7 层	
邮　　编	100142	
印　　刷	大厂回族自治县彩虹印刷有限公司	
版　　次	2020 年 8 月第 1 版	
印　　次	2020 年 8 月第 1 次印刷	
开　　本	710mm×1000mm　1/16	
印　　张	15	
字　　数	206 千字	
书　　号	ISBN 978-7-5139-3063-5	
定　　价	58.00 元	

注 : 如有印、装质量问题，请与出版社联系。

互联网的日渐成熟和普遍应用极大地促进了互联网营销的发展，这使得商业模式越来越多元化。于是，电商如火如荼地兴起，各个互联网通道成为电商布局的重要领域。但是激烈的竞争让各个渠道中的电商面临着非常严峻的挑战，互联网营销下的电商何去何从，转化率成为其当下的关注焦点和未来的发展契机。

要想在互联网营销中通过转化率提升来获取未来的生存权，电商必须要对转化率足够重视。我们知道，转化率的实现主要靠用户的下单量决定。不过，要让用户对营销内容产生消费兴趣，进而下单，实现转化率，还需要商家对各个营销渠道的用户加以引导，让他们对营销内容满意。所以，提升各个渠道转化率的营销攻略就是：先将用户吸引到营销内容周围，再通过各种引导和刺激让尽可能多的用户下单完成消费。

在营销中，存在一个漏斗模型。例如，在一家店铺中，一天当中点击的人可能是1000人，而点击的人中做到从始至终完整浏览产品的人有500人，在这些浏览的人中，最后会询问商家相关问题的人有200人，在这些咨询的人当中，最终下单的只有50人。这就是漏斗模型：从点击到最终下单，用户数量由庞大变微小。这个微小的下单人数，就是转化率的追求。为了让这个微小的转化率得到提升，无论是电商营销，还是内容营销，都全面采取行动，动用一切可用的资源为转化率赋能。

通过透视转化率可以发现，提升转化率需要先构建一定的基础条件，商家要先让用户进入这个消费场景，然后在场景中通过各种感官刺激来引导用户下单。所以，转化率提升是一个系统的过程，不管是哪种营销渠道，只有设计一个系统的营销过程，才能为转化率的提升打好基础。

本书就是基于系统的营销过程，来对转化率实现的基本路径，以及各个互联网营销渠道中的转化率问题进行阐述，力求通过这种系统的商业思维，来为互联网营销提供更加丰富的转化率提升技巧，让产品能够高效进入转化环节。

本书共分为三篇，分别是转化率解密、转化率专项、转化率深挖，通过这样一个理论结合实践的转化率提升探索过程，来帮助互联网营销中的电商和内容运营者，以及对互联网营销感兴趣的各类读者更好地理解转化率，知悉转化率的提升通路。

第二篇　转化率专项

第三篇　转化率深挖

第一篇
转化率解密

转化率是互联网电商非常关注的一个点，因为较高的转化率，除了意味着产品畅销之外，还意味着商家收入高。所以，提升转化率，是所有互联网电商一直在探索和实践的一项工作。

第一章
转化率实现的一些基本途径

在互联网营销中，转化率对于商家的重要性不言而喻，甚至有这样一句话："谁掌握了提高转化率的方法，谁就掌握了存量时代的主动权。"转化率有一个非常形象的模型——漏斗模型。我们知道，漏斗是头大底小的，这也就意味着，在一个营销场景中，虽然进入这个场景的客户基数非常大，但是最终下单消费的客户却并没有那么多。可以说，在这个营销场景中，经过层层选择、放弃，最终决定下单消费的人是少之甚少的。所以，为了提升转化率，促进销售，就需要通过各种途径来提升转化率。

互惠信息，激发用户对产品的兴趣

互联网电商转化率的提高与店铺的成交量密切相关。为了提升转化率，就得提高店铺的成交量。但是如何提升店铺的成交量呢？关于这个问题，我们从下单的逻辑来理解。

我们知道，人们是否会进入一家店铺，与这家店铺呈现给消费者的信息密切相关。这些信息除了指与产品相关的信息之外，还主要指一些互惠信息，也就是可以给消费者带来好处的信息。正是因为有这些互惠信息的存在，人们才会有一定的兴趣继续浏览这家店铺中的产品。可以说，商家呈现给消费者的互惠信息，可以为消费者后续的下单埋下伏笔。

互惠信息是如何激发用户的兴趣的

互惠，其实是一个双向的问题，也就是说，当商家给用户好处的时候，商家自己也会获得相应的回报。这主要表现为用户在获得相应的互惠信息之后，对商家的好感增强，对产品的购买兴趣提升；而对于商家来说，这种优惠刺激使下单量增加，即转化率开始提升，进而使得销售收入增加。

商家对互惠信息的使用，其实也是抓住了消费者爱占便宜的心理，因为在很多情况下，人们进入一家店铺之后，除了浏览产品的主图之外，对商家提供的一些"福利"是非常在意的。例如，一些卖手机的商家就会在详情页中注明"买就送自拍杆""买就送原装耳机"等，这些互惠信息能够很好地激发人们的购买兴趣。

互惠信息虽然能够激发人们的购买兴趣，但并不是所有的互惠信息都可以激发人们的购买兴趣，所以这就要求商家的互惠信息要有一定的价值，能够在价值上与相关产品有一个关联度。例如，现在人们已经对那些"满300元立减5元"的小额优惠信息没有感觉了。相反地，在一些图书专营店铺中，盛行的"加价购"却特别能激发消费者的购买兴趣，如果消费者购买某本书，再稍微加十几元钱，就可以购买到另外一本书。

所以，互惠信息的设置与使用，也是有一定讲究的。不是说只要给出互惠信息，就能激发消费者的兴趣，而是要给出确实可以为消费者带去价值的信息，这样才可以激发消费者对产品的购买兴趣。

互惠信息的一些表现形式

我们说，互惠信息要表现得有效，能够弥补消费者在某一方面的需求，于是，就衍生出了一些比较能够打动消费者，激发消费者兴趣的互惠信息形式。

1. 组合式

组合式，就是商家在出售商品的时候，对产品进行组合。如果消费者购买某种东西，商家就送消费者相应的物品。例如，买铅笔送削笔刀，买茶杯送杯垫、杯刷等。这就是组合式互惠信息的一些表现形式。

2. 捆绑式

捆绑式，指商家针对一些单独出售销售率非常低的产品所采取的销售措施，通过与其他商品进行捆绑销售，就能提升这些产品的销量。例如，满××元，加××元可换购××商品，加××元送××等。这就是捆绑式互惠销售的表现，不过商家要进行捆绑式销售，一定要做好宣传，让消费者知道这种消费模式。

3. 抽奖式

抽奖式，指商家通过设置一些抽奖方式来刺激消费者的购买欲望。例如，购满××元，即有机会抽××手机；购买××，就有机会抽到价值

××元的××等。这种互惠信息抓住了消费者以小博大的心理，以此来激发他们对商品的购买兴趣。不过，商家要结合实际情况设置好抽奖形式和奖品的相对价值，把握好中奖的概率。

4. 附加式

附加式，是指通过一定的附加方式让消费者体验到商家的优惠。例如，好评有礼、以旧换新等。好评有礼活动可以很好地让店铺获得一定的口碑，而以旧换新活动能够很好地增强老客户的黏性。

5. 满赠式

满赠式，就是当客户消费达到一定的值之后，可以享受到商家的相应赠品。这种满赠能很好地激发消费者的购买欲望。不过，采用这种满赠互惠刺激时，商家对赠品的选择要以经济实用型为主，性价比要高，能够解决消费者在某一方面的需求。

6. 满减式

满减式，就是当消费者消费到一定的数额之后，可以享受优惠，以更低的价格获得某产品。例如，满××元，打××折；满××元，减××元等。这是一种比较适用于价格敏感型消费者的互惠信息。不过，一定要让折扣和减免的金额能够带给消费者实惠，同时要注意设置相应的限定条件，来让消费者为了享受利益而付出相应的努力。

上述就是互惠信息的一些表现形式。当然，商家还可以根据自己的经营经验开发出更多的互惠消费模式，激发消费者的购买兴趣，进而让消费者走近商家的产品，为最后下单做好准备。

权威认证与背书，让用户建立对产品的信任感

当用户对某款产品有了购买兴趣之后，就需要通过一些权威认证与背书给用户一定的承诺和保证，让用户对产品产生信任感。我们知道，权威认证与背书一般会有很好的说服力和可信度，当用户认识到产品的这些权威认证和背书的时候，其下单的倾向会进一步增强，这对转化率的提升有促进作用。

用认证和背书装饰产品

产品权威认证与背书是产品的又一层包装，包装越精美的产品，越能够增加用户的信任感，进而打动用户，让他们更加愿意下单购买。这种认证与背书也适用于店铺，有品质的店铺同样可以给用户较强的信任感。所以商家要在认证与背书方面多下功夫，为产品或店铺制造权威性和专业性。

1. 认证

在资质认证方面，要做到能认证的就认证。如果商家的产品和店铺已经有了资质认证，且有非常强大的专业背景，要将这些比较权威的东西呈现给用户，从而加深用户对产品的信任感。如果商家不具备一些资质认证，那么就需要尽可能争取。如何争取呢？那就是坚持能认证的就认证。这就需要商家办理一些国家有关部门认证的资质证书，这些具有说服力的内容，可以很好地包装自己的产品和店铺。为了获取有效的资质认证信息，电商运营者要及时向当地的有关部门咨询，获取相应的资质认证信息，为资质认证做好

准备。

例如，一家卖保健药品的店铺在自家的产品详情页中展示出了"食品生产许可证""食品经营许可证""保健食品批准证书"。将这些证书在产品详情页中清晰地呈现给消费者，是与消费者建立信任感的好方式。

2. 背书

背书方面，就需要借助名人名师、专业机构、资深背景等来为产品和店铺赋能。这些名人名师、专业机构、资深背景同样会给消费者一种专业性强的感觉，让产品或店铺在消费者心中的形象更加高大，从而让消费者对其建立有效的信任感。

例如，一些书籍在发行推广的过程中会找一些学者、名人、作家等来推荐，这就是一种背书。又如，一些产品会与影视演员、歌手等合作，让他们为产品代言，这在无形中为产品增加了一定的信赖度。这也是一种背书。

通过兑现让权威认证与背书落地

商家可以将自己产品或店铺的权威认证与背书呈现给消费者，但是同时也需要对权威认证与背书做出兑现，这样才能更进一步地强化用户对产品的信任感。商家可以从以下方面对自己的产品进行兑现。

1. 例证法

电商运营者可以收集、整理以往用户的购物评论，将这些已经转化的结果放在详情页当中，展示在新用户面前。这种方法不仅可以让新用户看到已有的转化结果，还能够很好地为新用户提供一个参考依据。用户在了解评论内容时，最关注三点，见图1-1。所以电商在收集以往用户的评论时，可以将满足这三点的评论内容展示给消费者。

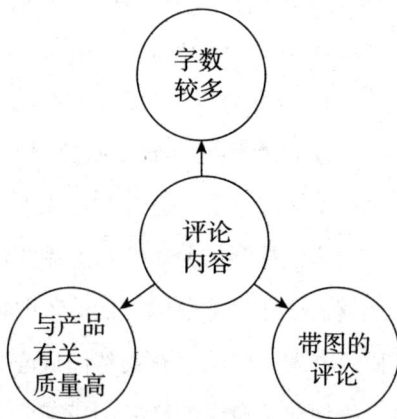

图1-1

2. 营造第一

营造第一，就是展示产品或店铺在某一方面的第一，因为"第一"一般都会有很强的权威性，能够起到很好的效果展示和宣传作用。

3. 细节展示

在有了资质认证与背书之后，商家还可以对自己产品或店铺的细节进行展示。一般情况下，细节信息公布得越多，用户对产品或店铺的信任感会越强。在展示细节时，商家要利用好产品图片和已有的销售成果。

（1）产品图片：制作要非常精美，最大限度地突出细节，将产品的材质、面料、使用效果等一一向消费者展示，进而兑现产品的信任度。

（2）销售成果：将已有的销售成果展示出来，因为大部分消费者都有从众心理，看到这么多人购买这件产品，就会主动花时间去浏览该产品或这家店铺。这同样是对信任的一种兑现。

价格是个敏感点，用各种优惠刺激消费者

消费者有了购买兴趣，并且对产品建立了一定的信任感之后，商家再在产品的价格上进行一定的调整，同样可以很好地刺激消费者下单，这对转化率的提升也是一个非常有效的策略。不过用价格刺激消费者，主要表现在价格折扣上，也就是通过降价促进产品转化。此外，价格刺激还表现在价格错觉设计上，也就是利用错觉价格，让消费者产生赚到了的感觉，进而实现产品转化。

价格折扣下的降价转化

价格折扣可以激发消费者很强的购买动机，同时还会刺激他们尽快下单。在日常的店铺营销中，价格折扣主要表现在以下方面。

1. 连贯式

电商在营销过程中会在两件或多件产品之间表现出价格的阶梯递减形式，通过"多买多优惠"实现销售，进而增加产品的购买连贯性。例如，"首次购买全价，第二次购买 6 折"等。为了让连贯式价格折扣的转化率提高，商家最好在节假日、店铺的周年庆等时节采用这种方式来促销。

2. 限时低价抢

限时低价抢，指在特定的时间段内降低产品的价格来促进销售。例如，"仅限 2 小时，超低价促销""一元秒杀"等。

3. 批发价、内部员工价

有些商家为了促进销售，会对产品降价，并打出"批发价""内部员工价"的口号来让消费者感知产品的超低价格。我们知道，批发价一般会与厂家直销相对应，没有中间环节零售商的加价，而内部员工价一般都比市场价格低很多，这两种超低价格可以说是直抵消费者的价格底线，可以很好地刺激消费者的购买欲望。

4. 针对特定消费者群体的价格

商家会根据某一类消费者群体的特征，为其制定一定的折扣价来促进产品的销售。例如，在母亲节、开学季、重阳节等时节，商家会为这些时节中的特定对象推出专享福利，从而来吸引他们消费。

5. 会员专享优惠

商家一般都会让自己的会员享受一些价格折扣，这样的折扣契机会吸引很多普通消费者通过注册成为商家的会员来购买商品，进而享受折扣。这种会员专享优惠机制不仅可以给商家开发新用户，促进产品转化，还可以很好地维系老客户，让商家整体的转化率得到提升。

价格设置下的错觉转化

对价格进行设置，主要是指设置临界价格、阶梯价格等让用户产生自己赚到了的错觉，进而实现错觉转化。

1. 临界价格设置：通过视觉误差制造转化

这种将价格设置成临界值的形式应用得比较普遍，例如 99 元、199 元、598 元、1890 元等就是一些非常邻近整百的数，但是这些数字让消费者在心理上觉得便宜，从而更认准这样的价格。

不过在设置产品的临界价格时，要注意以下事项，见图 1-2。

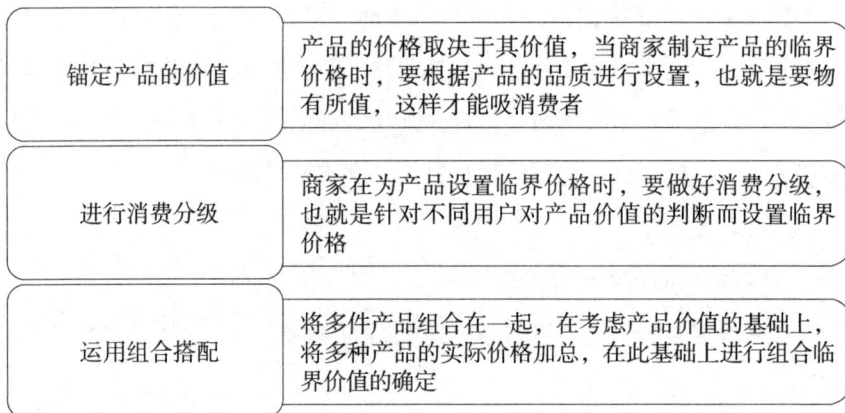

锚定产品的价值	产品的价格取决于其价值，当商家制定产品的临界价格时，要根据产品的品质进行设置，也就是要物有所值，这样才能吸消费者
进行消费分级	商家在为产品设置临界价格时，要做好消费分级，也就是针对不同用户对产品价值的判断而设置临界价格
运用组合搭配	将多件产品组合在一起，在考虑产品价值的基础上，将多种产品的实际价格加总，在此基础上进行组合临界价值的确定

图 1-2

2. 阶梯价格设置：用不同的打折力度促进产品销售

例如，商家有新品上市时，会根据天数设置阶梯式的打折力度，让客户产生紧迫感，从而抓紧机会购买。这种阶梯价格的应用有很好的促销优势：缩短客户购买产品的犹豫时间，激发他们产生冲动购买行为；能够保存产品的价值，使滞销的可能性降低；能够吸引和刺激客户消费，让店铺避开亏本的境况。

3. 错觉折扣设置：利用错觉折扣促进转化

例如，花 99 元，即可换购 300 元的大礼包等。给消费者营造错觉价格，最常见的形式是让消费者在特定的时间内以最低价格抢购某商品。这种错觉折扣实际上会给消费者一定的可信赖度，避开"便宜没好货"的心理困扰。

4. 优惠券下的凭券减免

商家通过给用户提供优惠券，标示凭券减免信息来吸引消费者参与到优惠减免活动当中。这种领券立减的促销方式对钟爱优惠券的消费者具有很好的促销作用，这类消费者甚至被称为是"券客"。如果商家在凭券减免活动中遇到这样的"券客"，那么就会有很好的营销效果。

5. 限量发售下的错觉转化

物以稀为贵。当商家对新品或其他产品进行限量发售时，会使消费者产生一种供不应求的错觉，进而会积极地参与到销售活动当中，这样就能让商家实现销售的转化。低价预售也有这样的作用。不过，这种促销活动必须要进行前期的宣传造势，才可以在活动开始的时候更好地达到营销效果。

特色与稀缺，有效激发消费者购买

商家在转化率提升的道路上，一贯坚持的都是"激发兴趣→建立信任→下单"的路径，为了给产品营造这样的销售路径，商家要做很多工作。同样地，对于一些特色产品，商家依然会走"激发兴趣→建立信任→下单"的转化路径，但是特色产品走这样的路径会更加容易实现，因为特色产品本身就是焦点，甚至有些特色产品本来就是稀缺的。当然，也有一些特色的转化方式，在提升转化率方面具有很好的作用。

具有明星效应、生态特色产品的转化

1. 具有明星效应产品的转化

这主要表现为明星同款产品和明星代言产品的转化。当产品与明星建立起一定的联系之后，其本身就会被赋予一种新的特色，甚至一些产品还会带有明星签名等特色，这就使得这些处在明星光环下的产品更加稀缺。

因此，基于这样的明星效应，商家在布置自己店铺中的商品时，可以选择明星同款或明星代言的产品出售，这种产品本身就自带广告，销量有一定的保证。当然，商家还可以与明星合作，让明星为自己的产品代言等。不过，商家在选择明星同款产品或明星代言产品，以及让明星为自己店铺的产品代言时，要对相应的明星进行多方面的了解，具体可以从以下几个方面进行考虑，见表1-1。

表 1-1

明星特征	具体表现
人气	只有高人气才可以带来更多的流量和点击。商家在选择明星同款产品或明星代言产品时，要对明星的人气进行一个评估。这样借助明星的超高人气，可以让商家的产品更好地进入转化的通道
人品	人品正直、无不良嗜好的明星往往在大众当中具有较好的口碑和形象，更能够被大众喜爱，所以这样的明星是商家值得考虑的
颜值	高颜值明星在社会中的关注度更高，所以电商在选择明星时，也要注意明星的颜值，相貌优越的明星会具有更多的优势，能够带来一定的美貌溢价

所以，商家在让自己的产品与明星建立联系的营销模式中，要找对明星，这样才能让产品随同明星的效应实现有效的转化。

2. 具有生态特色产品的转化

这主要是指赋予产品绿色、健康、有机、纯天然等形象，让用户感知产品所具有的独特生态气息，从而让产品在消费者心中树立更加完美、安全的形象，成为消费者可信赖的产品。

所以商家可以根据自己的产品特性进行生态包装，同时还可以选择具有生态特色的产品出售。这种生态气息下的产品本身就带有一定的完美形象，同时还会有一定的稀缺性，商家继续在营销过程中做进一步的生态强化，就可以赋予产品更多的能量，所以这类产品一般会有很好的卖点，对转化率提升有很好的作用。

以公益、返差价为特色的产品转化

1. 以公益为特色的产品转化

这主要是指商家在产品的销售过程中，开展产品的公益转化，向客户承诺卖价中的一部分金额将会被投入公益中。产品的公益转化是基于人们日渐增强的环保意识和感恩意识而兴起的，凭借客户想为公益事业做贡献的心理来实现产品的转化。

商家借助公益转化，不仅可以促进产品的销售，还可以为自己树立一定的品牌形象，传递自己的社会责任意识和公益意识，让消费者对自己的品牌形象和店铺有更高的认知度。目前，很多商家都参与了大型电商平台的公益性项目——公益宝贝，商家每完成一笔销售，就会自动从销售货款中扣除一部分金额，投入公益事业中。

2. 以返差价为特色的产品转化

这种转化方式是指商家会对消费者做出自己的产品是最低价的承诺，同时保证如果消费者在其他店铺中遇到更低的价格，则会将自己的超额价格以补差价的形式退还给消费者。这种依靠低价实现营销的手段具有以下优势，见表1-2。

表1-2

返差价的优势	具体体现
增强客户的安全感	返差价能消除客户不划算的心理和疑虑的心理，从而使他们产生安全感
提高客户的满意度	返差价是商家承诺性的一种表现形式，这种预先提供给用户的心理预期承诺，在增强客户满意度的同时，还会增强客户黏性
塑造店铺品牌形象	返差价形式可以建立商家与用户的有效沟通捷径，让用户对店铺产生好感，进而为店铺塑造可靠的品牌形象
提高销售业绩	返差价承诺是店铺诚信的一种体现，可以增加品牌的诚信度，获得更多的市场支持，从而有效提高销售业绩

逼单、推荐，扩大产品的影响力

为了提高产品的转化率，销售人员在实践中总结出了很多有用的销售技巧，同样可以成为电商卖家的销售参考，可以帮助商家早日提升转化率。这些销售技巧可以分为逼单技巧和推荐技巧。在不同的营销场景中，这些销售技巧可以很好地帮助卖家实现销售，改善店铺的经营状况。

一些实用的逼单销售技巧

逼单就是想方设法快速说服用户下单。以下是一些电商卖家经常使用的逼单技巧。

1. 对比法

对比法，是指店铺的运营人员用其他高价低质的产品与自己家的产品进行对比，突显自家产品的优势与品质的方法。在产品的交易过程中，当了解到用户对自家产品有下单意向，但在价格方面还存在一定的犹豫时，就需要找出那些价高质低的产品信息给用户，让用户通过对比来确定自家产品更实惠，进而乐意继续下单。

不过电商运营者在选择其他商品作为自家商品的对比参照时，要注意所选择的产品的品质不能高于自家产品，同时也不能品质过低，否则会将自己的产品价值拉低。

2. 拆解法

拆解法，就是将一个处在整体状态的产品分解成好几个部分，然后对这个产品的每一部分单独进行标价，让各部分产品的价格之和大于整体的出售价格。这种方法能够让用户明白产品的整体价格是更加实惠的，从而认同现在的价格。

电商人员在使用拆解法时，需要注意以下几个问题。

（1）根据产品选择使用拆解法。本就是一体的产品不需要进行分割拆解展示其价值。

（2）清晰标注各个配件的价格。将各配件的价格呈现在表单上，向用户清晰地展示。

（3）为用户算出节省的钱数。将产品整体与拆解之后的价格差计算出来，标出节约的钱数。

3. 化整为零法

化整为零法，就是指通过小单位报价，将产品的高价格转化成低价格，让用户感觉到自己花很少的钱就可以获得高价值的产品。例如，当用户对商家的一台价值 6000 元的平板电脑感兴趣时，商家要尽量避开 6000 元这个价格，而是考虑从"每月 500 元，一年就可以收获一台优质平板电脑"这个层面出发，来给用户制造一个更加容易接受的价格。

化整为零法可以说是一种分期价格策略，产品的售价虽然看似很高，但是通过用小单位划分之后，就会形成更低的价格，更便于用户接受。

4. 戴高帽法

戴高帽法，就是对购买某类产品的用户进行身份上的赞美，让客户感觉到自身所具有的独特和尊贵，进而对产品产生更强的好感，从而完成消费。

电商运营人员在给用户"戴高帽"时，要做好预判，要通过与用户的交流了解来把握用户信息，对用户身份进行合理塑造，并及时地给予用户身份赞美。

5. 亮底牌法

亮底牌法，是指当用户对当前价格存在不满，想要压低价格时，商家为了快速解决用户对当前价格的疑虑，通过"这已经是最低价了，不能再降了""产品的进货价已经告诉您了，价格不能再低了"等来告诉用户当前的价格已经是最低价格，亮出价格的底牌。通过使用亮底牌法，告诉用户物超所值的信息，能很好地增强用户的下单动机。

一些实用的推荐销售技巧

在产品的销售过程中，电商主动向用户推荐一些产品也是一种有效的产品转化方式。以下这些有效的产品推荐技巧经常被电商使用。

1. 熟人推荐

当用户对某件产品还有一定的疑虑时，卖家通过告诉用户自己的熟人也购买了这款产品来给用户传递一种靠谱、可信赖的信息，这样用户就会更加容易接受这款产品，从而下单购买。

2. 新款推荐

商家可以从"新款、潮流"等方向来向用户推荐店铺中的产品，这能够为产品制造"新"的销售亮点，吸引一些追逐潮流、时尚的消费者的眼球，满足这些消费者求新、求异的心理需求，从而促进产品转化。这也就要求商家要能够抓住用户的特点，适时地为其推荐新款产品。

3. 反季推荐

商家通过反季低价销售来增加用户对产品的关注度，进而刺激用户的购买欲望。

一般服装类的产品比较适合反季推荐的销售策略，这可以帮助商家削减库存，同时实现产品转化。

价格是反季推荐销售过程中的主导，不过商家在制定反季推荐产品的价格时，还需要注意以下问题，见图1-3。

合理降价	·商家在给产品定价时，要在充分考虑成本问题的基础上合理降价，差异化地设置产品的打折梯度
保证质量	·在低价出售产品时，一定要保证产品的质量，质量才是用户信赖的王道
广告宣传	·商家需要将促销活动的信息提前在店铺中展示出来，让消费者可以轻易看到。此外，商家也可以适当地遮盖一部分信息，以吸引顾客关注
服务体系	·在反季推荐的活动当中，商家的服务体系也要跟上，售前、售后工作要到位，帮助用户及时解决相关问题

图 1-3

小攻略 >>>

高转化率标题文案与内容文案写作攻略

文案在转化率提升方面有着非常重要的作用，不管是标题文案还是内容文案，它们通过巧妙的语言陈述，能将产品最大的性能和优点展示出来，从而在吸引用户、激发用户兴趣的基础上一步步推进转化率提升。

标题文案和内容文案互相承接，能很好地将一件产品完美地展现在用户眼前。就这两者而言，他们各自的写作是有各自适宜的模式的。

1. 标题文案写作

标题文案在写作的过程中要特别注重第一眼就给用户一个非买不可的理由，要能让用户眼前一亮，能直击用户的痛点，为其提供解决问题的方法。归纳起来，利用标题文案提高转化率的方法如下。

（1）矛盾法。就是商家在了解用户需求的基础上，采用逆向思维，也就是直接逆向思维和转换逆向思维，对所要解决的问题做反向思考。例如，我们一般会认为肥胖是吃得多引起的，但是这也不一定，肥胖还可能由其他因素引起。所以一些代餐电商会打出这样的广告：不用节食，还你苗条身材。

（2）画饼法。简单理解，就是给有需求的用户提供一些可以满足这种需求的产品。就像人饿了，正好有一块饼在自己跟前，吃掉这块饼，饥饿就能解决。这种直接展示使用效果的文案，更容易让用户产生信赖感。例如"今年过节不收礼呀，收礼只收脑白金"就有这样的作用。

（3）震惊法。就是利用一些词语给用户制造惊喜感、刺激感，让用户产生意想不到的震惊感。要有效利用该方法，就要抓住客户购买产品时面临的主要问题，然后针对这个问题给出一定的条件进行刺激，而且这种刺激要达到一定的程度，这样就能够通过震惊刺激用户消费。例如，"万万没想到，还能这么低"就有这种作用。

（4）承诺后果法。指商家对产品的功效或用途等做出承诺，可以很好地消除客户对产品的一些疑虑和担忧，让客户产生安全感，从而使购买该产品的动机增强。例如，"不满意，全额退款"就有这样的作用。

（5）给方案法。就是商家针对客户的某一需求给出解决的方案。例如，"买二手车，就上瓜子二手车网"等，就是通过给出客户在某一方面的需求解决方法来实现产品转化的。

（6）给价值法。就是将产品的价值以明确的价格给出来，主要通过价格对比来吸引客户关注该产品，为转化率积累潜在客户。例如，"原价199元，5折限时抢"等就有这样的营销作用。

（7）佐证法。就是利用一些侧面的案例来证明此产品的效果，但是在使用佐证法的时候，一定要保证自己的产品质量是过关的，而且有很有力的证据可以证明自己的产品具有这样的作用。例如，"月销售额超300万元"等就使用了佐证法。

（8）联想法。就是对产品的功能进行联想，进而刺激用户对产品产生需求感。在使用这种方法进行标题文案的创作过程中，商家要尽可能地抓住用户的痛点，并且可以调动用户的好奇心，进而让用户产生购买的欲望。例如，"能用钻石解决的，不用嘴说给女朋友"等就有这样的作用。

2. 内容文案写作

内容文案写作主要指产品详情页的写作要点，这可以通过以下方法来实现。

（1）九宫格法。在九宫格的中心位置放置产品照片，其余位置展示产品的优点。在使用该方法的过程中，首先，商家要对目标客户进行有效的分析，确定出客户群，就可以很好地在九宫格中布局产品的优势及特性；其次，电商运营人员要对产品进行全方位分析，这更有利于文案创作；最后，挖掘产品的差异性，给产品更加独特的定位，也就是把卖点表现出来。

（2）要点延伸。将产品的特性、优势等做进一步的阐述延伸。要实现这一点，首先，运营人员对产品要有非常深入的了解；其次，要找到产品的亮点；最后，要发掘品牌的内涵，将品牌更深层次的价值（如环保、公益等）体现出来。

（3）三段式法。就是走"总括→要点延伸→产品卖点"的路径，根据店铺特点、产品特性将产品呈现在详情页上。

（4）摆数据法。就是在文案中将产品的一系列销售数据、好评数据等展示出来，用数据吸引用户的眼球，激发用户的购买欲望。

（5）煽情法。用能够与产品相适应的感情（如亲情、追忆、浪漫、温馨等）让用户产生情感共鸣，从而打动用户，实现煽情营销。

（6）差异法。在文案中将自家产品的优点和卖点凸显出来，通过价廉质优在其他同类产品中胜出。这就类似将自己的产品与同类产品进行对比，更加凸显自家产品的优质。

（7）亲身感受法。即使用案例进一步打动和说服用户。从用户的情感需求出发，将用户与产品结合在一起。要实现这种效果，就需要商家用流畅的文案对产品进行完整的描述。

第二章
抓住基本点，为转化率提升指路

　　提升转化率是一项系统性的工作，除了与客户的下单量有关之外，还与下单背后的很多因素有关。例如，商家在出售什么样的产品，将自己产品定位在哪些人群，用什么样的方式将产品展示给客户，等等。这些落脚到运营管理角度的事项，对电商转化率的提升发挥着重要的作用。可以说，只有站在管理的角度，才可以清晰地认识电商运营发展存在的问题，才可以更好地解决商家的转化率问题。所以在转化率提升实现的过程中，需要商家具备较为系统的管理思维，从认识商业的本质与规律的视角出发，以管理为抓手，来提升产品的转化率。

做好产品的市场定位

　　商家可以使用一些转化率提升技巧来促进销售，但是在经营的过程中，还需要站在管理的角度审视转化率提升问题。我们说管理是工具，以管理的视角来提升产品的转化率，将会是一种更加系统的转化率提升策略。而产品定位是管理中的基本活动，以产品在市场中的定位为起点进行深挖，可以为电商运营提供很好的产品管理借鉴。

商家该何去何从，叩问市场需求

　　在今天，可以说是到了电商云集的时代，便捷的工具、简单的操作技巧、广阔的市场……这些为电商的发展提供了完美的契机，但是巨头云集的今天，电商该何去何从呢？电商在运营的过程中，通过摸索和实践，还是要思考这样的问题：自己到底应该将产品定位在哪里？哪里的竞争对手较弱？能否找一个可以坚持的方向？自己有什么样的优势？

　　说到产品定位，就需要进行市场细分。对市场进行细分，我们就能找到市场的需求缺口和特定消费群体，然后用相应的产品对这部分需求缺口进行填补，从而满足这部分群体的需求。其实，有了产品定位之后，商家也就确定了自己的竞争对手。在这些需求缺口和特定的消费群体当中，往往存在较少的竞争对手。这样的话，电商卖家就可以在这样的缺口与需求的指导下确定自己的发展方向，同时将自己拥有的优势（地域优势、人才优势、产品优势、供应链优势、品牌优势、资本优势、用户优势）融入这样的发展过程中，进而就会越来越接近成功电商运营者的队伍。

比如，常用的护肤品都是针对普通人的体质设计的，但是孕妇的体质与一般女性的不一样，她们对护肤品的刺激性等非常在意，特别需要一款对自身和胎儿都安全的护肤品。于是，针对这样的市场需求，袋鼠妈妈品牌就诞生了，它是一款专为怀孕女性打造的安全护肤品牌。

因此，研究市场是每一个电商经营者都需要做的一项工作。产品最终的归宿是市场，所以电商在运营的过程中多关注市场，产品的转化才会有一个更好的结果。

消费者的需求在哪里，产品就在哪里

产品是跟随着消费群体而移动的。当我们确定消费群体之后，要做的就是将产品投入这些消费群体之中。想让消费群体接纳我们的产品，我们就要对产品进行美化，这个美化可以从定价、性能、结构、包装、服务细节等方面着手。用产品打动消费群体，让消费群体接纳我们的产品，这样就可以提升转化率。

事实上，当我们确定消费群体的时候，也就对自己的产品有了设计思路。这是因为我们所确定的消费群体，在年龄、性别、收入、身份等的影响下，会有特定的消费需求，我们要做的就是抓住这些需求，然后根据这些需求对我们的产品进行设计，尽可能为消费群体带去更多的价值。这样的话，在这种类似定制化的服务模式下，我们的产品肯定会有一个非常好的市场转化。

例如，在不同的年龄阶段，消费者会有不同的需求主题，见图2-1，这些需求主题就让他们有了相应的购物主题，这对电商运营者而言，将会是很好的产品转化契机。

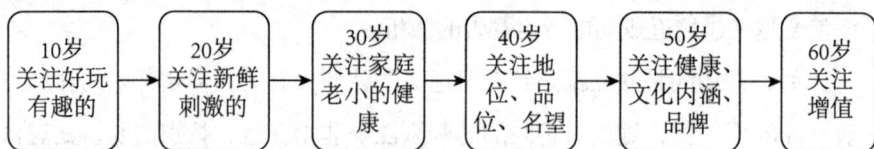

| 10岁
关注好玩
有趣的 | → | 20岁
关注新鲜
刺激的 | → | 30岁
关注家庭
老小的健
康 | → | 40岁
关注地
位、品
位、名望 | → | 50岁
关注健康、
文化内涵、
品牌 | → | 60岁
关注
增值 |

图 2-1

同行竞争，差异化战略先行

市场中的竞争者很可能在同一时间关注到市场的同一需求，这就到了求同存异的时刻。

同：相同的消费群体。

异：不一样的营销策略和品牌。

当电商面临相同的消费群体时，不同的商家就需要为这些相同的消费者提供相同的产品。那怎么做，这些看似相同的产品才会被消费群体接受呢？这就需要找到差异化。既然产品在一定程度上是相似的，那么我们就可以找不同，用差异化来抓住摇摆不定的消费群体。差异化可以从这些方面着手：原材料或原产地、重量、大小、手感、颜色、味道、造型设计、功能创意、产品构造、细分市场、新技术、解决痛点、品牌故事、价格、节日特供、促销专享、服务、情感故事、历史等。

有创意的地方，就是差异化存在的地方。为了让我们的产品与市场产品有差异，我们就得以这些差异化为着手点，来对我们的产品进行差异化设计，依据差异化实现产品转化。

以产品布局为抓手，让消费者靠近产品

转化率实现的关键是产品。在我们确定了基础的市场及需求群体之后，就会将工作的重点转移到产品的布局上。产品布局的关键是让消费者的心中只有我们的产品。我们还可以用有效的价格不断地吸引用户下单，同时对店铺中的产品做好严格把控。产品布局也算是一套体系，这套体系利用好了，就可以让产品与用户形成更加紧密的联结，从而通过转化率的提升为店铺赋能。

协调三方关系，让消费者认准我们的产品

要做产品布局，商家首先要对市场上的消费者、竞争对手进行分析，协调好竞争对手、消费者和"我"之间的关系。

1. 关于竞争对手

就竞争对手而言，先对其进行分类，看看他们聚集在什么地方。一般来说，竞争对手主要聚集在这些地方：电商平台、产品类目、同城。为了找出这些对手，我们通常使用电商平台的搜索功能，利用产品的关键词进行搜索，通过综合排序来找到这些竞争者的位置。

2. 关于消费者

就消费者而言，我们首先要确定他们聚焦在哪些端口中，是 PC 端还是移动端？根据端口，我们就可以确定该用什么样的呈现方式将产品展示在这些消费者眼前。接下来就是再次确认消费者的购买动机：求实 or 求廉，求优

or 求便，求新 or 求赞，求品 or 求美。掌握了这些购买动机，我们就可以对自己的产品品牌进行设置，来满足消费者的相应需求。

3. 关于"我"

就"我"而言，我们电商要做的就是展示我们的优势（生产优势、成本优势、物流优势、地域优势、资金优势、模式优势、设计优势、服务优势、资源优势、管理优势、人才优势），我们可以利用这些优势资源与我们的对手竞争，满足消费群体的需求。

让定价具有一定的冲击力

产品定价对产品的点击率和转化率提升有着核心的促进作用。就定价而言，一般会有这样的一个过程：基础定价、进阶定价、高阶定价。

基础定价，就是指成本定价，这是基于产品的生产成本和销售成本以及一定的利润幅度而制定的销售价格。

进阶定价，就是根据消费者对产品的认知进行定价，也就是根据消费者对行业、产品、功能的心理感知和价值预期来确定产品的销售价格。

高阶定价，就是对品牌进行估值之后确定的销售价格。

定价是个技术活，在定价的过程中还有一些有趣的、实用的技巧。

1. 尾数定价

即给产品定一个零头数结尾的价格。例如，1999 元给消费者的感觉就比2000 元便宜，实际上它们相差无几，但是消费者更愿意接受的还是 1999 元这个价格。

2. 奇数定价

奇数在价格制定上有一个神奇的作用，那就是能让价格变得更加具有逻辑性和理性。所以，用奇数开头或结尾的价格，更能被消费者接受。当然，这也不是绝对的，只是在一定程度上有这个作用。

从店铺着手，完善产品结构

当我们完成产品布局的一些外部基础工作之后，就需要着手于内部，也就是店铺的产品。我们也知道，市场环境变幻莫测，作为普通的电商运营者，当我们无法把握市场的变动时，我们就需要从产品着手，用产品打开市场，从而实现产品转化。

通常情况下，电商会依据引流款、利润款、活动款、形象款、备用款的方向对店铺中的产品进行布局，这样就会形成一个相对完整的产品结构。那么，这五款产品会有什么作用呢？

1. 引流款

顾名思义，就是用来吸引流量的产品。这部分产品一般走的都是"薄利多销"的路线，先引入流量，将店铺当中的销量提升上来。

2. 利润款

这是针对特定消费群体的产品，其转化实现会带来较高的利润。

3. 活动款

这是用于做活动的产品，而且这些活动一般会在清库存或实现特定目的时才会启动。活动款产品要趁着活动的势头，快速产生销量，实现利润。所以这部分产品的出售过程可以说是短平快。

4. 形象款

这是增加店铺调性、信任感的一部分产品，可以说是店铺中的"镇店之宝"。这些形象款产品都具备一定的高品质、高调性、高客单价，并且是小众产品，能在整体上提升店铺的形象。

5. 备用款

这些产品就如同是预备役产品。当目前的产品停销或出现问题之后，这部分产品可以及时冲入战场，挽救店铺，甚至发展成为店铺的爆款产品。所以备用款产品来源于商家不断的尝试，是电商运营者潜在的一个价值增长点。

店铺中的这五款产品，相互独立，各有各的分工，但是又相互配合，让店铺销量在竞争中保持稳步增长。

优质视觉呈现，让客户第一眼就能看到

商家为了让自己的产品得到更好的转化，更好地树立公司形象，就要对其店铺的视觉呈现更加重视。通过设计符合公司形象的 logo，或制作公司的视觉呈现手册，可以让店铺以更加完美的形象展现在客户的视觉当中，从而通过视觉呈现俘获客户的心，以此来为店铺的转化率提升赋能。

好视觉造就好形象

视觉呈现是价值的一种视觉载体。优美的店铺产品视觉呈现同样可以提高店铺的转化率，增加客户对店铺的访问停留时间，让店铺的客户访问深度加深，使店铺的跳失率降低，同时增加客户的回头率。所以说优美的店铺视觉呈现能有效增加店铺的品牌溢价，让品牌形象很好地传播。所以，电商运营者在店铺的视觉呈现方面，要注重设计感。

在店铺视觉呈现方面，最突出的就是公司的 logo。公司的 logo 是公司的一面旗帜，是公司的一个视觉识别符号，它展示在店铺最显眼的地方，也最能吸引到客户。

（1）logo 要有强烈的识别性和差异性，能让陌生人过目不忘。有识别性一直都是 logo 设计的基本要求。

通过观察一些大品牌的 logo，我们可以发现，这些品牌的 logo 的色彩和构图都较为简单，但是这些 logo 一般都有传达自己感情的标志性色彩，这就能够让客户很好地识别。所以，用色彩精准表达公司或品牌的定位是 logo 设计中的第一要点。

（2）logo 要尽可能符合行业属性，能将公司的行业属性体现出来。logo 本身就自带丰富的含义。

所以 logo 的设计，要在整体上表达出与品牌相吻合的气质，而且这种整体气质还是清晰具体的，具有一定的感染力，能够很好地被大众识别和感知。

（3）logo 的设计要有相对考究的线条、色彩和字体。logo 在视觉呈现上要特别讲究。

所以在设计 logo 的过程中，要注意保持视觉平衡，用流畅的线条、漂亮的色彩、恰当的字体将其呈现出来，而且一定要有整体感，让线条、色彩、字体三者和谐地搭配在一起。

（4）logo 的设计要注意规避法律风险及其他冲突。在设计 logo 的过程中要注意一些知识产权类的问题。

logo 中的字体、形状等在设计的过程中要避免侵权事件的发生，同时，还要避免其他一些细节上出现问题，例如，不同民族和不同国家的忌讳等。

公司基本元素的视觉呈现规范

公司的视觉设计除了 logo 之外，还有其他一些方面。所以为了给客户呈现出气质统一的视觉效果，公司最好制定相应视觉元素的制作规范，以此来为客户呈现一致的视觉体验。

通常，与公司视觉设计相关的一些基本元素包括公司名称、公司标志、公司标准字、标准色彩、象征图案、组合应用与公司口号、视觉设计衍生品、首页 / 店招 / 导航栏的规范模板与要求、主图的规范、详情页逻辑等。

在这个视觉感官刺激逐渐盛行起来的消费场景中，视觉设计对公司发展、产品转化具有重要的作用。公司用什么样的方式将自己和产品展现出来，能在很大程度上影响消费者。为了适应日益激烈的竞争环境，公司非常有必要在视觉呈现方面美化自己的店铺，依据完备的视觉呈现手册，通过给客户制造视觉冲击，来推动产品实现转化。

聚焦 PC 端和移动端，发挥视觉转化的效用

PC 端和移动端是店铺转化发生的两大阵地。如今，在智能手机便捷性增强和移动互联网的普及下，移动端的转化阵地变得日益强大，越来越多的客户聚集在移动端。移动端虽然成为越来越具有活力的转化率实现场地，但是，PC 端并没有掉链子，PC 端依然是转化率的故土。所以，为了让转化率更好地提升，电商在打造 PC 端和移动端店铺的时候，要根据这两个端口的特点，为其构建相适应的视觉转化场景，从而为转化率赋能。

PC 端视觉呈现的关键点

我们知道，大多数客户进入店铺挑选产品的时候，主要浏览的是产品的详情页，所以在设计 PC 端详情页的过程中，要充分站在消费者的角度，思考和了解他们最需要的是什么，然后对症下药——突出产品的卖点，解决客户的痛点。

所以，在 PC 端的视觉呈现中，详情页的制作要把握以下几点。

1. 图文并茂，真实呈现

在详情页中，其实最主要的是图，文字只是起一个画龙点睛的作用，也就是能用图片展示的，就用图片展示，少用文字进行描述。当然，这些展示产品的图片还有一定的讲究，须是能够抓住客户眼球的原创图片。

2. 好故事满足客户的心理诉求

这是指根据产品特性，为产品设计一个故事，将其放在详情页中，同时

搭配上图片，用故事将产品的生产、制作等过程串联起来。

3. 要比同行更有创意

商家在制作详情页的过程中，要先对同行的详情页进行研究，然后别出心裁，设计出更具有创意的详情页来吸引客户的视线，通过"人无我有"完成特色转化。

4. 视频与动态图带给客户真实的体验

视频与动态图能更加直观、真实地展示产品的样子，能给客户真实的感觉，这能够让客户在心理上对产品建立信赖感。

5. 互动内容增加成交的可能性

在产品的详情页面设计能够与客户进行互动的内容，例如话题探讨、有奖竞猜等，能激发客户的参与度，进而利用买家的咨询率来为产品转化创造条件和可能性。此外，商家还可以抓住消费者对主图的优先关注，对主图布局进行更进一步的优化。各个电商平台可以放置的主图数量可能存在差异，但是这些主图还是要以这五类为主：引流图、利润图、活动图、形象图和备用图。每一张主图都会有自己的作用，具体内容见表2-1。

表2-1

类别	作用
引流图	•直击搜索，刺激痒点 •在图片中加入兴趣点，让客户因为兴趣点而点击产品
利润图	•直击卖点，刺激痛点 •展示产品的核心卖点，让客户采取购买行动
活动图	•直击优惠，点燃兴奋点 •给客户制造刺激点，让客户立即产生购买欲望
形象图	•直击实力，展示爆点 •用事实、数据或包装将产品的品牌形象展现出来
备用图	•直击差异化，增加支点 •摆出事实与数据，让产品形象更加清晰化

移动端视觉呈现的关键点

移动端的便捷性吸引了很大一部分消费者可以随时随地进行消费体验。为了提高移动端的转化率，移动端的视觉呈现可以从以下方面着手。

1. 领先销量和低价优势是第一把钥匙

在移动端消费的过程中，消费者对产品的销量和价格是非常敏感的，所以在做移动端的产品布局的时候，要尽可能先推销量可以快速提升、价格较低的产品来提升店铺的知名度。当然，这里的价格标注最好是区间标价，以最低价显示产品的价格，这样就可以在移动端依靠销量和价格来实现交易。

2. 主图的明确分工是第二把钥匙

在移动端的网购过程中，消费者对主图的浏览目的性特别强，主图可以说在转化率的提升中起着至关重要的作用。这就要求在设计产品主图的过程中，选择合适的美工，赋予主图美感和刺激感，从而借助这些最先进入消费者视野的主图来吸引消费者进一步了解产品。

3. 简单有效的详情页是第三把钥匙

我们知道移动端的购物随机性非常强，人们可以非常方便地利用碎片化时间进行购物体验，所以为了在短时间内激发消费者的购买欲望，移动端的详情页就需要大显身手。因而，移动端的详情页设计要主攻简单有效，放大产品的卖点，也就是详情页的制作要尽可能沿着"促销海报→产品信息→核心卖点→细节展示→保障承诺"的路径设计。

4. 实时更新产品评价是第四把钥匙

移动端因为页面篇幅的限制，产品评价显示的空间非常小，很多评价都会被折叠，所以为了利用好这有限的页面篇幅，商家要对产品评价进行实时更新，让消费者可以及时看到最有效的评价信息。

小攻略 >>>

农村电商的生存通路——土法炼钢

对电商来说，农村聚集着很大一部分用户，拥有着很强的购买力，但是因为电商发展不平衡的影响，农村电商在很长一段时间内处于一种较弱的态势。这主要是因为与农村电商发展密切相关的农村物流、电商人才、电商市场规模等非常薄弱，无法让电商在农村进行有效的对接，从而使得很多商家和产品错过了农村这个非常庞大的用户群。

目前，在城市电子商务的带动下，更是在互联网技术的普及下，电子商务也逐渐开始走街串巷，农村电商逐渐有了发展的势头，农村的广大用户逐渐被商家发掘，而城市的需求，也被农村逐渐抓住。

就农村电商的发展而言，可以是走出去，让农村的农副产品搭载电商的高速列车走出农村，走进城市，让城市中的人们体验具有乡土气息和原生态的农副产品。当然，发展农村电商也可以是走进来，也就是让城市的电商走出城市，走进更加广阔的农村市场，将城市中人们享受的便捷物流与购物体验输送到农村，丰富农村人们的生活。

在农村网民规模不断扩大的今天，城市电商走进农村很容易，难的是农村电商如何有效地走出农村，逐渐商业化、品牌化和本土化。所以农村电商更加关注的是如何走出去，这就要提到"土法炼钢"这条农村电商生存通路。

农村电商发展的基础是要先搭建有效的物流、网络等基础设施，解决好"最后一公里"和"第一公里"问题。有了这样的基础之后，就需要将农村的特色产品展示出来。由于人们在农村店铺采购农副产品的过程中对产品的真实性非常在意，特别担心自己采购产品的真伪，所以，农村电商卖家在展示农副产品的整个过程中，要充分理解"土法炼钢"的要求，也就是要把握好以下几点。

1. 在真实自然的场景中展示产品

农村电商在出售产品时要给客户提供真实的视觉体验，也就是尽量将产品的完整生产制作过程展示出来。同时，在产品的展示过程中融入当地的特色事物（植物、建筑、人们的生活状态等），还要用实拍图展示产品，避免使用素材图。

2. 让产品具有当地的土味特色

要想让当地的农副产品走出去，就必须让当地的农副产品具有一定的本土特色。例如，在出售当地的杂粮、蔬菜水果、手工艺品、小吃等时，要尽可能与当地的传统相结合，这样就能很好地展示当地农副产品的与众不同，让购买者体验到不一样的风土人情，从而产生购买的欲望。

3. 给客户注明物流保障

农村物流仍然不被很多人信赖，所以商家在出售商品的同时，最好选择更加便捷高效的物流，以增加客户的信赖感。同时，还要对产品的包装进行说明，让客户对产品的运输过程更加放心。

4. 给用户注明食用或使用方法等

很多农副产品之所以有特色，可能是因为产品有独特的食用方法和使用方法，所以商家要尽可能地将食用方法和使用方法进行详细的说明，这种贴心的服务更容易打动消费者，可以很好地促进销售。

5. 用文化符号或故事对当地的农副产品进行承托

因为风土人情的差异，很多地方的农副产品、手工艺品等都有独特的文化符号，甚至有的产品背后有着特别的历史传说与故事。在表述产品的过程中，将这些与产品相关的文化符号或故事与传说添加到产品当中，会在无形中增加产品的价值，让产品展现出独有的特色，从而更好地打动消费者。

这就是农村电商的"土法炼钢"举措，可以打造出具有本土特色的农副产品。有特色的农副产品一直都有很好的销路，而且各大电商平台都适合这些农副产品的营销。农副产品本身就带有一定的乡土气息和温情，若是可以做出好的农副产品品牌，并通过有效方式为其开辟出畅通的销售渠道，那么这些农副产品就可以走出一条旺销之路。

第三章
内容运营：互联网电商转化率实现的归宿

内容作为信息的有效载体，是互联网电商运营的入口，同时，内容也是吸引流量的有效入口。正是因为有内容的存在，所以企业才有了积累。有效的内容如同企业的牵引力，可以带领企业步入良好的发展轨道，塑造企业的品牌形象，促进品牌的进一步强化，为产品赋予更多的吸引力，从而促进转化率的提升。

内容：引导流量的入口

在电商转化率提升的过程中，电商本身所具有的内容在转化率的实现中起着承前启后的作用——吸引与转化。我们知道，各个平台中的电商要想在转化率方面实现突破，就必须在自身内容方面做探索：利用优质的内容来吸引潜在的流量，再利用流量实现转化率提升。这里所说的内容可能比较抽象，但是我们可以通过各类社交平台来理解这里的内容。例如，各类社交平台（微博、微信、陌陌），就是因为有足够多的内容，所以自然而然地吸引了流量向其靠近，最后形成流量的汇集，产生了非常强大的内容效应。电商平台也是如此，必须要有足以支撑它的内容，这就算是为流量提供了一个入口，进而借助不断涌入的流量实现转化率。

好内容才可以吸引流量

好内容才可以吸引流量。要想让电商平台成为流量的聚集地，那么电商平台就需要有可以吸引流量的好内容。那么电商平台的内容是指什么？什么样的内容才是好内容呢？

一般来讲，我们将承载信息的文字、图片、视频等称为内容。而好内容就是指自身带有足够的吸引力，可以很好地吸引用户主动关注的文字、图片、视频等内容。实际上，好内容会给用户提供解决问题的实际方法，帮助用户解决问题，从而让用户对和内容相对应的产品或服务产生信赖感，并进行消费。

在互联网时代，人们对好内容的理解可以归纳为"有计划、有策略的，能够引起用户情感共鸣的，让用户主动咨询的内容"。所以，在有了这样的对好内容的一般认同之后，我们就需要对我们的内容进行改造，让其靠近这样的认同。

电商平台的好内容，都是将主要的功夫集中在场景、故事和体验的打造上，利用场景、故事和体验营造出融洽和完美的内容。场景、故事和体验都有各自的功用，见图3-1。

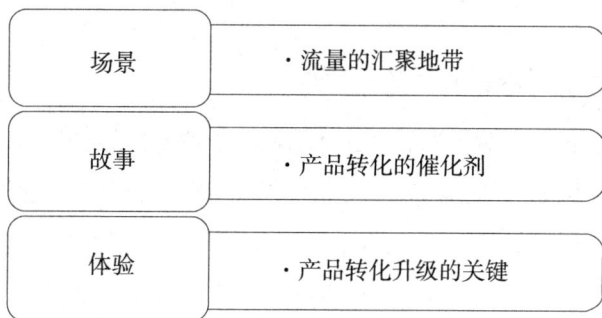

场景	·流量的汇聚地带
故事	·产品转化的催化剂
体验	·产品转化升级的关键

图 3-1

1. 场景是流量的汇聚地带

就是说将产品植入相应的应用场景，利用应用场景来吸引流量。例如，有些美妆品牌就能非常有效地将自己的产品与一些场景结合，这里比较典型的有雅诗兰黛在电视剧《三生三世十里桃花》热播之际，将其旗下的美妆产品巧妙地与电视剧中的人物结合，打造桃花妆，从而利用影视剧的热潮，营造产品的使用场景，进而实现流量汇聚的效果。

2. 故事是产品转化的催化剂

当我们给产品讲一个故事，用故事来烘托和表达产品时，会更加容易打动用户。例如，针对一些农产品，我们可以通过打造亲情与乡土的故事来进行展现。

3. 体验是产品转化升级的关键

良好的产品体验，是产品实现二次转化和多次转化的关键，而且越完美的用户体验，越能够促进再次转化的实现，从而让产品的品牌更加深入人心，成为用户信赖的好品牌。体验的关键在于产品本身，产品若质优价廉，必定能给用户完美的使用体验。

做电商运营，在很大程度上就是做内容运营，各种各样的产品，商家会采取不同的措施，用相应的内容进行包装，使产品更加形象，更贴合相应的应用场景。

流量逻辑让好内容实现高速传播

内容要传播，就必须要有一定的载体，这个载体就是流量。流量能让产品进行精准的传播，从而让产品映射到具体的用户与社群，而且这种传播可以不受时间、地域限制，随时随地地进入大众的视野，进而实现产品销量的提升。

在智能手机和移动互联网络的作用下，碎片化时代到来，电商的流量逻辑开始向内容、自传播、精准社群等方向靠近。在内容引导流量的大潮下，广告作为内容的一种体现方式，成为吸引流量的主要动力，也就是说，流量是跟随广告而流动的。但是广告又会以不同的形式表现出来，于是相应的广告呈现端口成为流量的汇聚地。

特别是在自媒体的盛行下，网红、博主、大 V 等成为流量的真正带动者，并且在这些具有相应带领性人物的带动下，借助社交网络的拓宽，在视频等内容传播途径和方式丰富的情况下，流量朝着社群汇集，社群成为产品转化率实现的一个重要场地。

例如，淘宝端主图前的短视频出现后，见图 3-2，因为这种立体的视频呈现，让产品更加直观地进入了用户视野，用户可以通过一个短视频，全方位、高效、快速地了解一个产品或服务的性能。

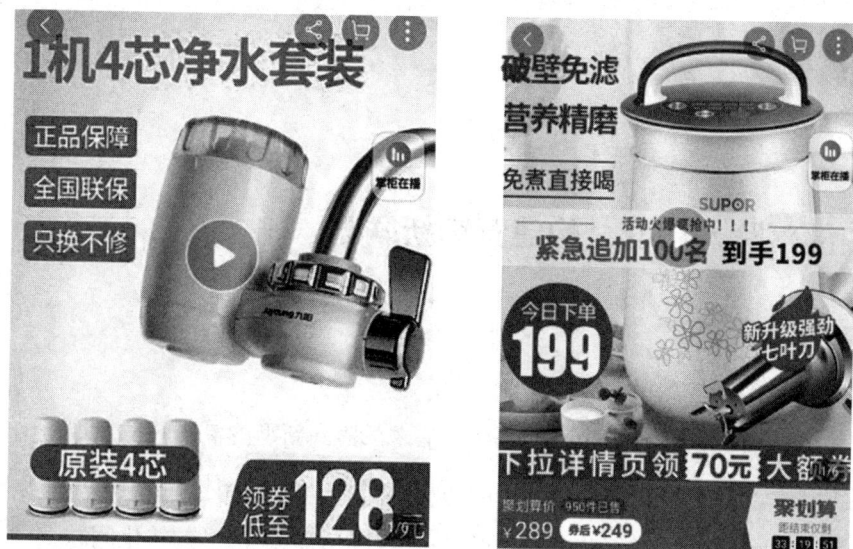

图 3-2

由部落跨入社群，构建营销新联盟

在内容运营的逻辑中，由原生的需求部落向新型的需求社群发展是内容运营的趋势。社群是由目标一致的用户构建的一个大集体，这里聚集着需求一致的消费群体，当群体的目标产品进入社群之后，产品的转化问题就可以迎刃而解。所以为产品构建相应的消费社群是产品转化率提升过程中必要的一环。当然，各类产品的社群还可以进行高效的联合，形成联盟，从而为更多的产品需求提供更广阔的需求市场，让更多的社群成员进入各个消费场景，完成产品转化。

社群是一致目标客体的集合

社群是依靠社交媒体或平台组建的具有相同目标的消费群体集合。在电商的内容运营过程中，社群起着非常重要的作用。在这样一个消费客体相同的社群中，产品的需求面会扩大，所以产品的转化率会得到极大的提升。在营销途径越来越丰富的当下，社群营销逐渐盛行，它由最初的一些消费群落演变而来，最后形成一个群体。例如，最初关注母婴产品的人可能是家里的妈妈，这位家庭中的妈妈就是母婴产品的小小需求个体，也就是需求部落。但是在社交媒体的关联下，每一个家庭的妈妈都进入商家构建的社交群中，使得分散的部落集合起来，于是，所有的妈妈都在商家构建的母婴产品销售社群中，而社群中的每一位妈妈，又都是社群扩展的有力助手，她们会通过产品的使用感受来对社群进行进一步的分享扩散，使社群成员进一步扩大。

　　这就是社群营销的形成，让内容转化有了新的提升空间。此外，还有很多知识付费的社群品牌，像"秋叶PPT""罗辑思维"等，都是完美的社群营销典范。

　　所以，社群是产品转化的重要途径和阵地。而且，在这样的社群中，商家与用户之间的距离更加接近，用户在一种归属感和依赖性的作用下靠近产品，而商家可以通过社群福利和优惠更好地刺激用户，于是形成了良性的营销团体。当然，要想实现产品的有效转化，构建有效的社群是必不可少的。电商构建了自己产品的需求社群之后，可以实现精准的产品销售。

内容平台整合实现营销联盟

　　多元化的电商平台为内容运营提供了丰富的渠道，越来越多的内容进入用户的视野。在这样的环境下，我们看到，单独的一个平台可以将运营内容与产品进行完美的整合。例如，快手、抖音等直播平台，通过内容直播，实现产品营销，从而让产品实现转化。

　　同时我们也看到，每一个平台都在整合内容，也就是在不断丰富着自己的平台内容。例如淘宝平台，在社区化、内容化和本地生活化的发展战略下，逐渐推出了淘宝商城（天猫的前身）、聚划算、天猫、淘直播、微淘等，使得淘宝平台成为融合多元购物体验的一个平台，在这样内容丰富的情况下，越来越多的消费者被吸引到该平台下面，于是淘宝平台的销售额与日俱增。

　　因此，各平台中的互联网电商，也需要通过不断地探索来丰富自己的内容，整合更多的内容在自己的平台上，从而为转化率提升做好必要的准备。例如，今日头条、抖音、快手、火山小视频、西瓜视频等平台下载量的增长，与其包含的丰富内容是分不开的。依据这样的原理，各平台的电商在产品转化率提升的过程中，就需要抓住与产品相关的内容，通过更加多元和立体的内容联盟，将全视角呈现给用户，给用户制造震撼，从而主动地选择这些产品作为消费对象，以此实现产品的销售。

直播＋短视频，催生新的营销场景

直播和短视频越来越成为用户愿意接受的内容呈现方式，在直播热、视频热的大潮下，越来越多的商家开始大玩直播和短视频。直播带货、短视频营销成为各路商家抢占市场的得力工具。所以，在这样一个以视频为主体进行产品展示的环境下，一种新的营销场景也就自然而然地诞生了。视频这种近距离的产品展示，越来越符合大众的胃口，而且越是有内容的视频，越能够集聚流量，越对产品的转化有利。

直播：吸引关注的好途径

直播是内容呈现的一种方式，当然，直播也是内容产生的一种方式。虽然直播随时发生的可能性非常大，直播的逻辑也比较随意，但是要做好内容直播，快速高效地吸引目标客户下单，并不是一件非常容易的事。

商家做直播的主要目的是吸引用户关注店铺及店铺产品，通过视觉感官的刺激，从而为店铺带来直播经济。不过，直播经济中有很大一部分的"颜值经济"，也就是用户由于对直播人颜值的偏好而选择在这家店铺中下单消费；同时，直播经济还包含一些"猎奇经济"，也就是用户出于对产品的好奇而选择在该家店铺下单消费。虽然直播经济中存在"颜值经济"和"猎奇经济"，但这不是关键，电商进行直播，获取直播经济，主要还是靠产品，能打动用户、解决用户痛点的产品才是直播经济的主要来源。

直播虽然开始于"颜值经济"，但是在今天，直播已经不局限在"颜值

"经济"的圈子中，直播可以说是进入了一个"产品经济"时代。直播带货成为很多商家的产品营销策略，顺势在直播界也就诞生了众多的直播大 V。例如，当下的"口红一哥"李佳琦，通过直播卖口红逐渐爆红，成为时下高人气的直播带货达人。2020 年 2 月，李佳琦的微博粉丝达到 1126 万人。这样一个可观的粉丝量，其背后带动的产品订单也会是巨量的。虽然李佳琦也是在做直播，但是他的直播就是可以带货，这也就说明在直播的过程中还是有很多窍门的。

图 3-3

需要明确的是，直播不是简单地将商品拿到镜头面前向观众展示，每一位主播都会在自己的直播过程中形成自己的直播调性，从而让用户对这种调性形成一种接受习惯。此外，主播还需要找准产品的目标用户及目标用户的需求特性，这样才能让产品直播更好地被用户接受，从而推动目标用户下单。

短视频让碎片化消费场景更生动

在由网络和智能设备制造的碎片化时代，短视频见缝插针地进入用户的消费场景，这种时间成本更低的视频营销模式成为流量的重要集中地。所以，短视频在电商营销中的地位逐步攀升，它在带给用户视听享受的同时，也给电商带来了爆发式的营销。

追踪短视频营销，还需要从短视频网络红人说起，可以说短视频网络红人的兴起为短视频营销探好了路。例如，稍早的 papi 酱，在当时短视频还处在一个较弱的发展环境下，papi 酱风趣独特的短视频进入大众的视野之后，可以说是引领短视频的一股潮流。这位集内容生产、策划和传播于一身的网络红人，在自己进入大众视野的同时，也让短视频在大众心目中的地位得到了进一步的提升。于是，人们逐渐意识到短视频这样一个工具，短视频营销开始走入大众的视野。

短视频大火之后，短视频的生产者也开始大火，这些网络红人的流量身价顺势提高。例如，2020 年 2 月，papi 酱的微博粉丝达到 3329 万人；在原创视频制作界具有超高人气的李子柒，在同一时间段的微博粉丝为 2320 万人。这些视频博主，依靠自己的超高人气，不管是从事原创视频内容制作，还是创立品牌，都可以在短视频的基础上打造特色内容，让短视频成为吸纳流量的得力工具，从而为相应产品的转化提供非常高的能量。

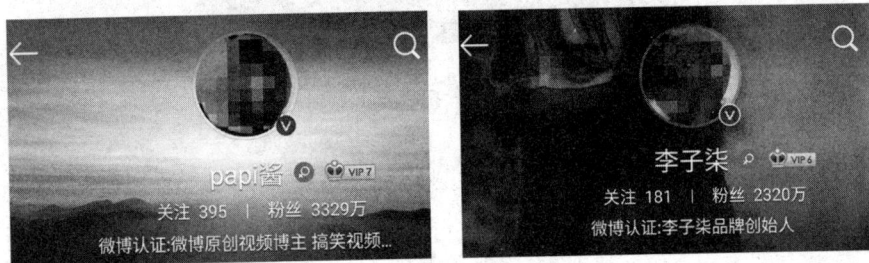

图 3-4

短视频作为信息的载体，正在成为商家越来越青睐的营销工具和助手，而且短视频在展示产品的同时，也能够表现短视频创作者的魅力，将真实、鲜活的人与虚拟的网络世界结合，能增强用户对产品的信赖度，这就可以很好地集聚粉丝力量，为商家带来巨大的商业机会，为转化率的实现打好基础。

内容运营方法论，揭开运营背后的故事

做内容运营，少不了技术的支持及方法的指导，与相应的媒体平台有效地结合，这样才会做出合情合理的内容。内容运营是一个持续性的过程，在这个持续性的内容运营过程中，要及时跟随技术、工具、潮流热点，对内容进行补充和丰富，让其质量得到提升。当然，内容运营的关键是让内容可以精准地指向用户，站在用户的角度，设身处地地为用户着想，解决用户的需求痛点，为用户做好服务，这样内容运营才有持久进行的机会，进而树立品牌形象，在用户中形成良好的标杆。

让内容运营搭上节日的顺风车

关于节日，我们可以套用鲁迅先生的一句名言："天下本没有路，走的人多了，也就成了路。"所以，我们也可以这样说："天下本没有节，过的人多了，也就成了节。"例如，淘宝的"双11""双12"购物狂欢节，京东的"618购物节"。这些电商巨头可以创造一些促销节日，那么其他电商同样可以制造一些有意义的节日，例如，受年轻用户群体追捧的"520情人节"等。此外，电商还可以直接搭载传统节日或西方节日的快车，大搞促销活动，这样就可以做节日促销。

电商在做与节日有关的内容运营时，要善于把握节日的调性。例如，各种类型的情人节（2月14日、5月20日、七夕等），这主要是年轻用户参与的节日，年轻用户在这样的节日中会有一些需求（送纪念品、告白、订餐、求婚等），电商可以根据这些需求对自己的产品进行内容包装，迎合年轻人的节日喜好，设计促销模式。这样做好万全的准备工作之后，才能将潜在的用户吸引到店铺中。

例如，在 2020 年 2 月 14 日情人节到来之际，"星巴克用星说"小程序推出的"爱的多彩星情"互惠活动，让用户通过填色分享来获取商家的代金券，这种有趣的填色活动就能够特别好地吸引年轻人的关注。

图 3-5

坚持内容运营的核心价值观

在内容运营的过程中，坚持正向的核心价值观是必需的。内容运营的核心价值观是"不要颠覆国家政权，不要造谣制造混乱"。这是做内容运营必须坚持的底线，也就是说，内容运营要坚持什么样的价值取向，主张什么样的发展方向。当然，各平台在内容运营方面，其自身的管控能力也要非常强才行。平台能在内容上传发布的第一时间就对其核心价值观进行判断，这一步能很好地筛选正向价值内容。但内容的取材与阐释方式多种多样，而且平台的系统筛选能力、判断标准也有所不同，所以平台上也会有一些漏网之鱼。因此，为了避免这些不符合标准的内容在平台上传播，还需要商家自己做好第一道把控关卡。

做内容运营的电商，追逐实时热点是他们的一个共性，但是追热点要有选择性，不能什么热点都追。例如，有人会利用国家政治、自然灾害等热点做内容运营，那么在做这样的内容时，商家必须保持清醒，不能为了点击率做落井下石的内容，追热点必须坚持核心价值观。

视频内容生产方法选择

移动互联网下的电商运营，很多都将自己的营销方向转向了视频生产，靠视频内容实现产品转化。在视频成为一个重要的内容运营基地之后，电商通过各种构思（故事、卖家秀、榜单、评测、教程等），创造了多种形式的内容运营，不过可以发现，内容运营开始朝着以下几个方向发展，电商可以将其作为参考来进行内容运营的再生产。

1. 故事渲染

这就是给产品链接一些相关故事，或直接在故事中将产品植入。例如，以故事或微电影等形式来讲述产品的生产制造过程或产品的功用，或者在影视剧中植入产品广告等。这些与产品相关的故事，可以是真故事，也可以是神话传说的延续、科幻制造等。总之，故事可以是各种类型，但目的是树立品牌与深化品牌形象。当然，也可以是情景再现，也就是在视频中构建相应的需求场景，从而运用需求场景来刺激用户进行消费。这样的例子有很多，例如王老吉凉茶（怕上火，就喝王老吉）、德芙巧克力（巧克力让跳舞更丝滑）等，引起了用户的共鸣。

2. 解决问题

这类视频主要是针对一些功能性产品，用视频详细地讲解产品的安装、使用、维修等过程，也可以是对某一问题的示范证明。这种视频可以是电商的主图视频或详情页视频。例如，电子产品的使用指导视频、家具的安装视频、宠物的喂养视频、护肤品使用前后的效果视频等。制作这些视频的目的就是轻松便捷地帮助用户解决生活中遇到的问题，要非常的真实有效，能够被用户信服，还能被用户轻易地搜索到。当然，为了让这种视频更加生动有趣，也可以在这些视频中加入一定的问题剧情，从而通过解决剧情中问题的形式展示问题的解决过程。

3. 代言见证

这些代言者可以是其他领域中的知名人物（影视明星、歌手等），也可以是行业里的知名人物，甚至可以是产品经营者自己。在面对代言人的问题上，要根据产品的调性选择气质相符的代言人，这样才可以让自己的产品得到能被大家接受的见证。

4. 对比发现

对比可以是不同产品或事物之间的对比，也可以是同一件产品或事物在某一应用层面的对比。可以从产品或事物的直观形象（质感、数量、形状、色彩、重量、价格等）进行对比，也可以从产品的内在品质（属性、功能、情调、内涵、设计）进行对比。有效的对比，才可以强化本产品或事物的优势。

5. 视频深加工

这是指视频不一定非要实拍，还可以被加工成动画（三维 CG 动画、二维 MG 动画）、全景 VR。这种表现在视频形式上的效果，同样可以有效刺激用户，为转化率提升出力。

小攻略 >>>

衍生品是内容传播的有效载体

在营销界，内容就是广告，广告就是内容。要想让内容得到更加有效的传播，除了可以借助流量传播之外，还可以借助其他一些衍生品进行传播。我们把内容可以借助的这些衍生品称为内容的载体，它们主要包括工作服、表情包、个性化扑克牌或台历、杯具等。

那么，关于这些内容载体，电商应该如何做，才能让内容传播得更广、更深入呢？下面将进行具体讲解。

工作服：主要是指印有公司 logo 和字号的 T 恤、棉毛衫、卫衣、制服、羽绒服等。这些服装可以很好地树立公司的形象，展示企业的文化内涵。同时，为了让公司各个岗位之间更容易区分，在设计这些服装的时候，要尽可能存在差异化，这样更能彰显公司的形象。

表情包：这主要是针对公司的吉祥物而言的，也就是公司在有吉祥物的基础上，可以再生成一些有趣的表情包，然后在与客户沟通的过程中适时地使用这些表情包，达到传递公司形象价值的目的。

个性化扑克牌或台历：是指将与公司有关的文化、工作流程等以图片或字体的形式印制在扑克牌或台历当中，然后将这些东西随同产品赠送给客户。

杯具：主要是指杯具、茶具等与人们接触较为紧密的物件。在这些物件的某些部位嵌入与公司属性有关的符号或句子，同样可以让这些衍生品在与人们的日常接触过程中实现内容的传播。

文具：指笔筒等文具，公司可以定制一些特殊形状的、印有公司元素的文具，随同产品赠送给客户，同样可以实现传播内容的目的。

包装系列：指胶带、包装盒、手提袋、文件袋、信封等包装用品，用这些物品包装客户的产品，或者直接赠送给客户，来实现内容传播。

专用书写纸：指一些便条、文件纸、明信片、礼品卡、笔记本等。公司可以定制一些类似的东西赠送给客户，传递公司对客户的尊重以及塑造公司的形象。

文化帽：指文化帽、领带别针或胸针、徽章、围巾、皮带等。这些物品可以根据公司的形象设计得更加独特有内涵一些。这里有个很好的例子可以借鉴，就是新华字典推出的折叠创意拆解汉字的特色帽子，可以说是文化帽制作的典范。

日常用品：指伞、毛巾、拉杆箱、垃圾桶、储物箱等。商家可以根据实际情况将这些带有公司元素的日常用品送给客户，以达到传播公司形象的目的。

名片、旗帜：指名片、自制 logo、临时停车牌、公司旗帜、纪念旗、大型挂旗、桌上旗、锦旗、主题旗帜等。公司通过设计这些带有自己元素的标志性物件，同样可以突出自己的形象，达到广告的目的。

工艺品系列：公司选择一些工艺品，然后将自己的元素加入设计当中，以很有格调的礼品的形式送给客户。

电子用品：这主要是指 Wi-Fi 桌卡、充电线、充电宝、手表、U 盘等。这些电子产品除了有自己的功能之外，还能解决客户的一些需求，同时，这些电子用品还可以承载公司的形象价值。

多媒体系列：是指幻灯片、邮件首尾、微信头像、朋友圈首图。就是说公司向外界发出这些媒体系列的时候，要巧妙地将公司的元素融入其中，以彰显公司的形象气质。

家乡食品：主要是指公司可以定制一些比较有特色的食品或家乡特产等赠送给客户，在味蕾上传播公司的形象。

当然，类似的公司内容承载体是非常多的，电商公司还可以开发出更具自身特色的产品来赠送给客户，也可以选择任何一种与自己形象更匹配的礼品来赠送给客户，传播公司的内容，为公司进行广告宣传。

第二篇
转化率专项

越来越丰富的电商渠道成为商家营销的重要通路，在这些不同的营销通路中，同样存在转化率提升的问题，除了一些普遍共存的转化率提升路径之外，每一条营销通路还有自己独特的转化率提升方式。

第四章
精准流量，提升淘宝天猫转化率

在淘宝、天猫平台，免费的自然流量不能适应店铺日益加快的发展速度，为了赋予店铺更多的发展活力，增加产品的转化率，就需要寻找更加高效的引流工具来为店铺赋能。于是，付费流量腾空而出。就淘宝、天猫而言，直通车、钻展、淘宝客等是非常有效的付费引流工具，它们能够为店铺带来精准的流量，从而促进产品或品牌的转化，提升店铺整体的转化率。

直通车，低价引流的好帮手

直通车是淘宝、天猫平台的店铺广告付费展现的一种形式。通常来说，直通车会根据付费高低对购买了同一关键词的商品进行排名。这种竞价排名的展现方式，最大的特点是商家按用户的点击量付费，点击量越高，付费也就越高，点击量越低，付费也就越低，没有点击，则不会产生广告费。同一关键词的广告中，点击出价最高的商品排在第一位，其他位置则由出价较低的广告主按照价格排名获得相应位置。

全方位了解直通车

1. 直通车的定义

直通车是按点击付费的营销推广工具，买家搜索关键词展现匹配商品的推广方式，能够将商品精准地展现给有需求的消费者，从而给商品和店铺带来大量精准流量。

2. 直通车的优势

就直通车而言，其作为引流工具，虽然不一定可以为店铺带来盈利，但是可以帮助店铺获得流量，增加店铺的曝光度，提升产品的销量，能在整体上提升店铺及产品在整个平台上的排名。所以，在店铺引流方面，直通车具有非常明显的优势，见图4-1。

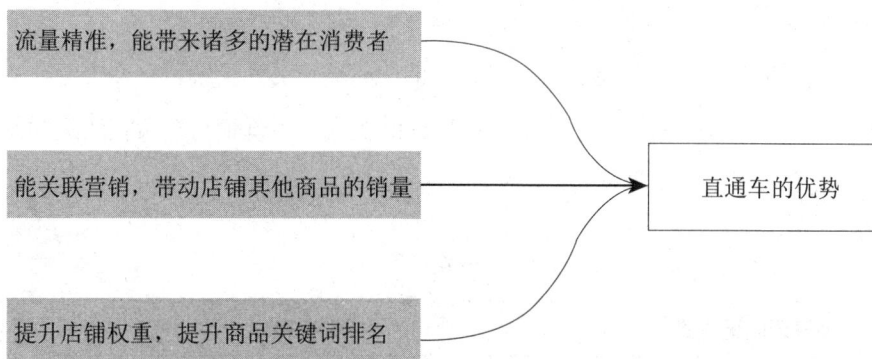

流量精准，能带来诸多的潜在消费者

能关联营销，带动店铺其他商品的销量

提升店铺权重，提升商品关键词排名

直通车的优势

图 4-1

3. 直通车的价值

直通车的优势决定了直通车的价值。直通车的价值主要体现在能帮助很多中小卖家解决访客少的问题，对一些缺乏竞争力的中小卖家而言，直通车能够给店铺及商品带来更多收藏和加购的机会。因此，对商家而言，直通车具有非常明显的价值，能很好地为商家引流，提升产品的转化速度，见图 4-2。

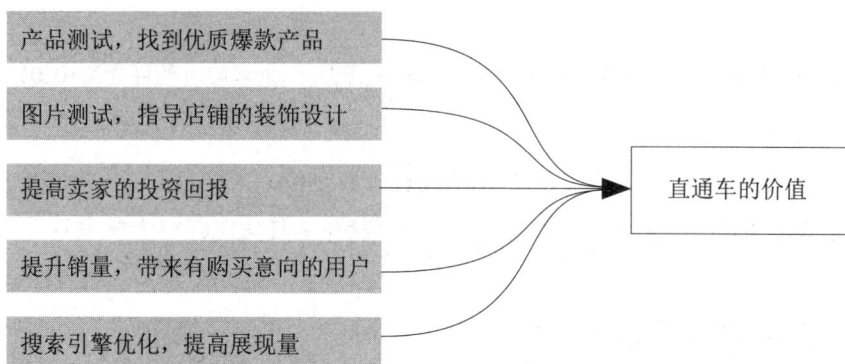

产品测试，找到优质爆款产品

图片测试，指导店铺的装饰设计

提高卖家的投资回报

提升销量，带来有购买意向的用户

搜索引擎优化，提高展现量

直通车的价值

图 4-2

4. 直通车的工作原理

直通车的工作原理分为四个方面：展现原理、排序原理、扣费原理和溢价原理。

（1）展现原理。指卖家通过设置与推广商品相关的关键词，在买家搜索相应商品的关键词时让推广商品获得展现的机会。关键词与搜索相匹配的方式一般有如下三种，见表 4-1。

表 4-1

关键词匹配方式	具体内容
广泛匹配	买家搜索关键词与卖家推广关键词相关
精准匹配	搜索关键词与推广关键词二者字面完全一致
中心词匹配	买家搜索关键词完全包含卖家的推广关键词

（2）排序原理。指直通车通过这两个原则得出商品的综合排名：在相关性和出价相同的情况下，精准匹配占优；在相关性和出价不同的情况下，综合排名取决于质量得分的高低和出价的高低。

（3）扣费原理。当买家搜索某个关键词时，只要他点击了结果页面中的推广商品，系统就会对卖家进行扣费。扣费标准一般按以下公式计算。

卖家的实际扣费＝下一名出价×（下一名质量得分÷卖家的质量得分）+0.01 元

（4）溢价原理。溢价指人群出价超过了原定价，人群搜索溢价能够给直通车带来更精准的流量，对促进直通车下的转化率具有很好的作用。

直通车的那些后台工具

直通车的后台工具主要有：推广、报表、账户、工具、妈妈 CLUB，见图 4-3。

图 4-3

（1）推广：显示店铺当前所有的推广计划，卖家可以在此新建或暂停推广计划。

（2）报表：有店铺实时报表、店铺基础报表和转化率解读报表。

（3）账户：有充值、自动充值与提醒、财务记录、操作记录、违规记录、资质管理、联系人管理和服务协议，是卖家了解账户情况的地方。

（4）工具：有账户诊断、抢位助手、竞争分析、生意参谋、流量解析工具。

（5）妈妈 CLUB：阿里妈妈提供的流量、资源、服务等专项置换平台。

当商家使用直通车工具进行引流推广时，一定要了解淘宝、天猫直通车的使用规则，在此基础上，才可以正确地使用直通车工具。

直通车的两种推广形式

直通车在产品推广方面有两种推广形式：标准推广和智能推广。

1. 标准推广

商家设置的关键词和买家搜索关键词相匹配，即有机会获得展现。从日限额到出价，从人群到创意，所有的信息均可以自行设定，精准可控。概括为：综合排序搜索竞价，营销推广精准可控。

标准推广在投放时，要注意以下三方面的内容，见表 4-2。

表 4-2

着手点		具体内容
创意优化	对图片和标题进行测试优化	使用同样的图片，用不同标题的关键词组合，测试哪种标题的点击率和展现量更高； 使用同样的标题，但使用不同的图片，然后将点击率更高的图片优先测试出来
关键词选择	通过数据反馈来加或减关键词	关键词与商品本身的相关性， 关键词与商品类目的相关性， 关键词与商品属性的相关性
目标人群精选	通过调整添加访客人群来获得更精准的流量	人口属性人群，包括类目笔单价、性别、年龄、月均消费额度等； 天气属性人群，包括温度、天气现象、空气质量等

2. 智能推广

智能推广让推广门槛大幅降低，商家可以灵活控制，是引流效率和效果的双重保障。通过深度学习人工智能技术，自动匹配搜索流量，让商家不再为营销技巧犯愁。

智能推广投放更像是定向推广投放，能够根据人群标签去选择一定范围内的人群，然后在后台对匹配的人群进行投放。这种投放结果的展现量和点击量是非常大的，适合产品的推广。

在对直通车有一个具体的了解之后，商家可以进入淘宝/天猫直通车的"学习资讯"，利用这里的资源了解更多的营销技巧。

剖析用户，赋予转化率提升更多空间

直通车引流的关键是通过各种方式将用户吸引到产品所在店铺当中，所以，只有当买家更懂用户时，才能让商品真正地走向用户。因此，我们就需要对直通车所面临的人群做剖析，也就是将产品所面临的用户进行分类。在对用户人群有了了解之后，卖家就可以设置更能精准触及这些人群的营销策略。

直通车对应的重点人群

直通车会对应这样一些重点人群：新访客、老访客、复购人群、淘宝优质人群、节日促销定制人群、自定义人群。这里，我们对这些人群进行综合分析。

1. 新访客

指淘宝首页潜力人群。这是淘宝根据用户大数据，从风格、年龄阶段、购买力、兴趣偏好等多角度抽象描述出的不同特征的"人群包"，展示位置有"生活研究所""有好货"等，直通车可以将这些展示渠道中适合卖家产品的人群同步过来，卖家可以直接添加使用，即在"精选人群"界面添加使用"淘宝首页潜力人群"。

"淘宝首页潜力人群"是一个基数非常大的群体，而且该群体还可以选择多个标签。例如，可以给人群同时加上"类目笔单价为 20~50 元""年龄 18~34 岁""月均消费额度 300 元以下"等标签来将这个群体中的人群进一步细化，测试他们对不同的产品会有什么样的反应。

2. 老访客

指店铺中的定制人群，主要分为以下这几类，见表4-3，而且这几类人群在"店铺定制人群"界面的溢价设置也是不同的。

表4-3

人群类别	溢价设置方案
浏览但未购买店铺商品的访客	对商品的购买欲望较低，溢价设置为30%
将店内商品放入购物车的访客	对商品的购买欲望非常强烈，转化发生的机会较高，溢价设置为100%~300%
收藏过店铺内商品的访客	对商品的购买欲望低于前一项，但对商品的兴趣度较高，转化率较高，溢价设置为100%~300%
浏览或购买同类商品的访客	潜在的消费人群，当店铺的商品与其他竞品相比具有很明显的优势时，溢价设置为50%
浏览过智钻投的访客	只有启用钻展推广时才能获得这部分流量，如果店铺内没有启用钻展推广，则不设置该人群的溢价
购买过店内商品的访客	这是店铺的老客户，设置100%~300%的高溢价来吸引用户复购

3. 复购人群

属于老客户，包括购买过店铺商品的访客和购买过同类店铺商品的访客，他们是最容易实现转化的人群。

4. 淘宝优质人群

包括资深的淘宝天猫访客、高消费金额的访客、喜好折扣的访客、高购买频次的访客。

5. 节日促销定制人群

指大促活动的人群（"双11"购物节）。在大促活动期间，卖家可以设置

50%~300% 的溢价对这部分人群进行直通车投放，会有很好的营销效果。

6. 自定义人群

指天气属性标签、人口属性标签及组合标签的人群设定。不同商品类目在设置自定义投放人群时，区别较大，主要有以下几类，见表4-4。

表 4-4

人群类别	设置方案
类目笔单价人群	卖家可以根据商品的价格来匹配设置该类人群
性别人群	根据买家的身份证提取访客性别信息，根据商品的正常性别属性来选择人群即可
年龄人群	根据商品正常的年龄属性选择人群即可
月均消耗额度人群	参考商品的客单价，选择"客单价×（5~10）倍"的指标进行人群投放
天气人群	针对有季节性特点的产品，以及跟天气相关性较强的产品来选择投放人群

精选人群再一次提升店铺转化

直通车下的标签人群，是基于关键词背后的人群进行分组和标签化的。而搜索人群功能能够对这些标签人群通过关键词进行百分比加价去竞争好的排名，实现针对性的展现排位提升，让产品的展现机会增加。这里所使用到的就是精选人群原理。

精选人群原理包括 3 个层面，具体内容如下。

1. 降低关键词出价

关键词在出价降低时，能非常明显地降低店铺推广成本，但是，要有选择性地降低，只有在保证展现量、点击率、点击量保持稳定时，才能保证出价后数据不会有太大的变化。

在调整关键词的出价时，卖家要对目前位置和下一个位置之间的价格差距进行观察。当差距非常大时，则可以适当地降价；当差距不明显时，则不需要调整价格。

2. 提高目标人群溢价

也就是为特定人群加价，把钱花在最有潜力的产品的关键词上，从而让商品获得更多的精准流量。目标人群溢价与关键词的关系非常紧密，卖家可以通过调整溢价人群来设置更精准的投放人群，让更合适的人群看到产品，对提升产品转化率非常有效。

3. 屏蔽劣质人群展现

当店铺有了一定的消费群体基础之后，就可以对这些人群标签进行进一步的细分，也就是为消费人群加上性别、年龄、消费习惯等标签，根据数据来判断是否需要对相应的人群继续进行直通车投放，这可以参考直通车上的"生意参谋"来对店铺中的人群数据进行分析，针对合适的人群，适当提高议价来获取精准流量，而对于没有点击量和转化率较低的劣质人群，则需及时将其屏蔽掉。

智钻展示，扩大品牌的影响力

在网络营销推广中，广告展示位置优劣对展品转化有着重要的作用。我们将互联网营销中的最优广告展示位置叫作钻石展位。钻石展位简称钻展，它是营销推广产品智钻发挥功用的地方。所以，钻石展位与智钻是相互依存的。具体来说，智钻是阿里妈妈平台推出的一款为淘宝卖家提供广告展示服务的产品，其目的是将淘宝店铺的相关广告以图片的形式，在淘宝 PC 端、移动端以及 UC 浏览器神马搜索结果页面最上方位置进行展示。钻展就是通过精准的定向广告引流，为淘宝卖家精准引流，从而提升产品转化率。

钻石展位的展现优势与逻辑

1. 钻石展位的优势

钻石展位展示网络推广是以图片、视频内容展示为基础，以精准定向为核心，是面向全网精准流量实时竞价的展示推广平台。在钻石展位，卖家可以获得全网的精准流量。同时，在钻石展位展示网络推广支持按展示付费（Cost Per Mille，CPM）和按点击付费（Cost Per Click，CPC），能为客户提供精准定向、创意策略、效果监测、数据分析、诊断优化等一站式全网推广投放解决方案，帮助客户实现更高效、更精准的全网数字营销，见图 4-4。

图 4-4

简单来说，钻展就是一个采用自动竞价模式的平台，也就是 CPM 竞价收费，即按照每千次展现收费（千人展现成本）。例如，卖家的推广计划出价为 10 元，那么卖家的广告被人看 1000 次就会收取 10 元的展现费用。总体来说，钻展营销成本还是比较低的，淘宝卖家自主设计广告图片，就能通过设计来吸引用户对品牌或产品的关注，增加品牌在用户当中的印象，从而提高点击率来获取大量的流量，促进产品的转化率提升。

可以看出，钻展具有很强的优势，能为卖家带去超高的流量，而且站内外的海量曝光，以及数据分析和营销效果监测，都能实现精准的定向产品转化。

2. 钻石展位的展现逻辑

钻石展位的展现原理是根据自动竞价排序实现的，也就是根据不同时间段的出价方案排序，优先展示出价较高的推广计划。当该计划的预算使用完之后，再展示排序在下一个位置的推广计划。以此类推，直到该时间段的产品流量消耗殆尽。所以，这种展示机制可能会让排在后面位置的推广计划失去展现的机会。

钻石展位的投放流程

钻石展位广告资源的投放需要在钻石展位的后台进行，也就是需要通过智钻来操作。我们通过阿里妈妈平台进入智钻平台，智钻是一个智能化的营销推广工具，其最大的优势就是自动化和高效。在智钻平台，已启用智钻的卖家可以在这里查看单日投放效果、历史投放效果、账户余额等数据，见图 4-5。

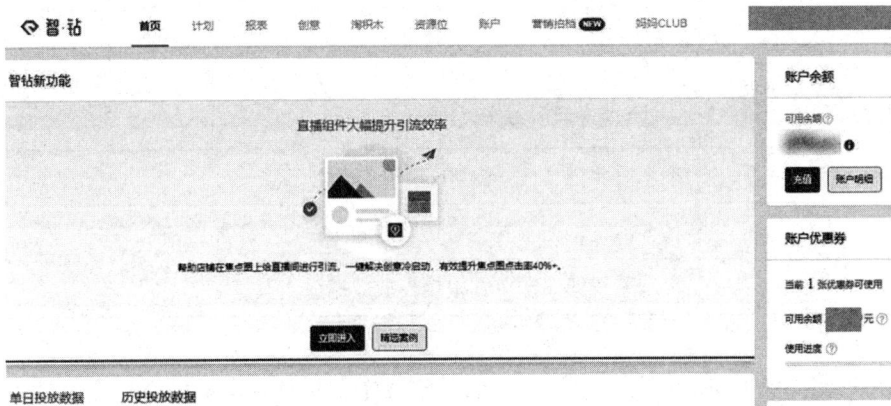

图 4-5

不过，在使用钻展之前，需要先通过阿里妈妈平台了解钻展的《钻石展位广告服务使用规范》，通过对钻展平台使用规范的深入了解，才可以在具体的钻石展位广告投放过程中避免一些不必要事件的发生。

此外，在进行钻石展位投放之前，我们还需要明确钻石展位的展示位置主要在哪里。

事实上，钻石展位的展示位置主要集中在这些地方：淘宝、天猫首页，以及各个频道大尺寸展位、淘宝无线 app 端；淘宝站外，例如，新浪微博、腾讯、优酷等各大优势媒体。

这些钻石展位可以在钻展后台"资源位"中查看，分为 19 个行业，其中"网上购物"为淘宝站内的资源位，其他为全网资源。

在了解了这些内容之后，我们再对钻石展位的投放流程进行介绍。钻石展位的投放流程一般是：为账户充值→选择资源位→制作创意→新建计划→设置投放人群→出价→投放成功。

钻石展位的投放流程是比较清晰简单的，不过，在钻石展位的投放过程中，以下这几个节点需要注意，见表4-5。

表4-5

注意点	具体内容
资源位选择	首先选择站内的资源位，即名称带有"网上购物"的资源位，一般数量控制在5个以内
制作创意	参考后台创意——创意cool中的优秀创意
人群定向	精准流量，新手先设置访客定向——自主添加店铺
出价	参考系统建议即可，根据投放数据适当调整

当商家要进行具体的钻展投放时，在淘宝首页登录卖家中心，在营销中心中选择"我要推广"即可。如果商家是钻展新手，可通过阿里妈妈平台中的智钻产品页面的"新手学习"板块，来了解钻展计划的具体投放操作。

卖家通过钻展投放，可以为店铺首页或店铺的任意一个多件商品集成的页面引流，这种引流方式能够起到从线到面的引流推动，让店铺产品的整体转化率得到提升。当然，商家也可以针对店铺的某一件爆款产品或新品进行钻展投放，从而让单品能够快速提升销量。钻展投放是比较实惠的引流方式，是很多电商卖家引流推广的选择。

四大体验场景，让意向用户进入转化快车道

对于电商卖家而言，用户是店铺存活的关键。当店铺能根据用户的需求适时地做出能够满足用户需求，甚至能够激发用户需求的营销场景时，店铺的用户就能被有效地激活，因为营销场景对用户的消费行为有非常强烈的刺激作用。所以，为店铺制造营销场景是激活用户、实现产品快速转化的快车道。在钻展推广工具的帮助下，店铺可以制造有效的营销场景，来解决淡季营销、店铺清仓、活动推广、直播引流四大问题。

淡季转化率提升营销场景的投放

有些产品因为用途的不同，在销售的过程中就会出现淡销和旺销的区别，也就是产品的销售有淡季和旺季之分。旺销是店铺所追求的，而淡销是店铺一直在避免和需要解决的营销问题。所以，针对产品的销售淡季，我们可以借助钻展展位来构建适宜的需求场景，帮助产品在淡季有效进行营销转化，这样的营销场景构建步骤如下。

1. 淡季营销用户分析

在产品销售的淡季，新用户的购买欲望一般都是比较低的，所以，对于新用户，这一阶段的转化机会可能比较小，所以这时我们应该转化店铺的老用户，老用户本身的流失率就比较低，那么在这时如果给出必要的需求刺激和优惠刺激，老用户转化的概率就会明显提升。

2. 钻展营销计划参数设置

在对用户需求了解的基础上，我们可以设置钻展营销计划的营销参数。这时，要选择"老客召回"的营销场景；将营销目标设置为"促进进店"；生成计划的方案选择"系统托管"，"系统托管"会根据系统的提示来设定合适的投放时间和地域。这种方案比较适合中小卖家进行产品淡季促销。

同时，对于钻展投放经验比较丰富的卖家而言，可以选择"自定义"营销场景，通过用户细分来选择更加精准的老用户群。不过，在使用"自定义"营销场景时，卖家圈选的人群要在2万人以上，而且最好超过5万人。

3. 定向营销场景投放

定向营销场景投放包括：访客定向营销场景投放、店铺定向营销场景投放和达摩盘定向营销场景投放，见表4-6。

表 4-6

定向场景投放	具体内容
访客定向投放	访客定向：给人群打标签，进一步缩小人群的范围，在推广计划中添加相应的定向人群
	场景定向：针对以往有过收藏或加购行为的人群进行投放，主要选择意向人群、行动人群、成交人群
店铺定向	优先在自家的店铺进行营销场景投放，同时，根据店铺信息选择合适的投放时间
达摩盘定向	使用达摩盘的定向功能，单独创建一个投放计划，向有过收藏或加购行为的人群进行营销场景投放

在淡季营销场景投放推广时，卖家要选择流量大、点击率高的资源位，这样更有利于促进产品转化。

店铺清仓转化率提升营销场景的投放

店铺清仓可能是店铺要对已有的产品进行清仓，也可能是要对产品进行更替，此时，如果仓库中积压产品较多，那么就需要利用钻展投放营销推广场景，来促进这部分积压产品的转化。这时的营销场景投放过程如下。

1. "自定义"营销参数设置

店铺要进行清仓时，先将钻展计划的营销参数选择为"自定义"营销场景，对于目标人群，选择除"广泛未触达用户"之外的其他所有人群，而对于成交用户和认知用户，还可以针对他们创建单独的计划。

2. 设置基本信息

店铺的清仓活动是需要大量快速流量的，此时付费方式可以设置为 CPM 或 CPM+CPC；地域设置可以选择生意参谋的后台数据找到产品的热销区域或应季区域；投放方式使用"均匀投放"，如果卖家这时拥有充裕的广告预算，并且产品的优惠力度非常大，可以选择"尽快投放"；出价方式选择"手动出价"。

3. 人群定向设置

在访客定向计划设置环节，一般可以设置两个计划：一个是针对店铺的计划，一个是针对定向竞争店铺的计划。在店铺定向中，要选择类似的店铺定向投放；在针对竞争店铺的定向中，可以选择浏览、加购或类目型的人群。

这就是店铺清仓营销场景的投放过程，在这一过程中，钻展图片的创意设计要重点强调用户的利益点，将促销的力度充分展示出来，同时将活动设置为限时活动，更有利于刺激用户快速下单。

活动推广转化率提升营销场景的投放

活动推广是用于店庆、聚划算、大促（年中大促、"双 11"购物节）等场景中的营销方式，卖家可以借助活动推广来为店铺引流和完成销售。那么活动推广营销场景该如何做呢？主要有以下三大思路，见图 4-6。

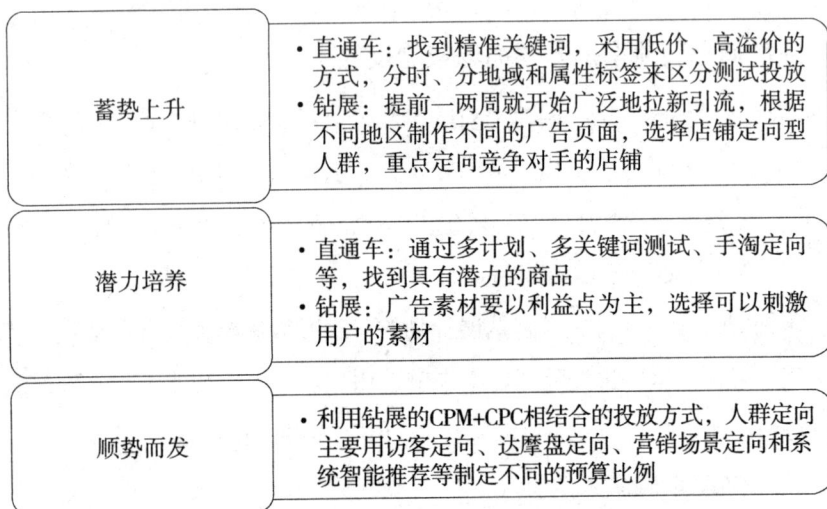

蓄势上升	• 直通车：找到精准关键词，采用低价、高溢价的方式，分时、分地域和属性标签来区分测试投放 • 钻展：提前一两周就开始广泛地拉新引流，根据不同地区制作不同的广告页面，选择店铺定向型人群，重点定向竞争对手的店铺
潜力培养	• 直通车：通过多计划、多关键词测试、手淘定向等，找到具有潜力的商品 • 钻展：广告素材要以利益点为主，选择可以刺激用户的素材
顺势而发	• 利用钻展的CPM+CPC相结合的投放方式，人群定向主要用访客定向、达摩盘定向、营销场景定向和系统智能推荐等制定不同的预算比例

图 4-6

为了让大促期间的推广计划起到应有的作用，大促期间的高效管理是必不可少的。所以，在大促期间，高效的钻展计划要做好以下几方面工作。

1．创意要到位

首先是创意图片要准备及时，大促活动开始的前 3 天，卖家就需要上传创意图片，还要保证创意图片能够通过审核。其次，创意的命名必须清晰，最好包含创意主题（主打折扣、优惠券、抽奖等）、链接地址（店铺首页、单品、自定义页面）、使用时间段。

2．账户资金要充足

卖家在活动推广开始的前一天就需要到账户进行充值，同时要保证账户余额在大促当日预算的 1.2 倍以上，这样就能尽可能避免当日充值失败，或因当日流量过大而导致计划预算超预算投放，从而导致计划下线。

3．计划管理要准备充分

在大促活动期间，推广计划的管理准备也要确保充分，这主要包括以下准备工作。

（1）定向人群准备：提前准备好定向类型、标签。

（2）计划与预算布局：将计划按设备平台、资源位、投放时段进行预算拆分。

（3）单元和定向人群布局：在每个单元下，按不同的人群分别设置单元。

（4）计划设置注意事项。

①大促期间的计划全部采用"尽快投放"，优先保证流量。

②计划、单元全部提前创建好，随时开启。

③大促不同时间段的关注重点不同。

④熟悉后台入口，提高操作效率。

直播引流转化率提升营销场景的投放

钻展平台可以直接通过直播投放场景来进行引流活动，所以卖家可以通过多样的直播形式来引流。这里的直播形式是指卖家自发策划进行直播，也可以是卖家与淘宝达人或直播平台合作进行直播内容投放。所以，直播引流营销场景的投放过程一般如下。

1. 设置直播推广计划

选择"直播推广"方式，对计划定向、资源位、出价进行设置，根据店铺直播目标进行定向选择目标的布局。参考市场平均价格，建议以市场平均价格的80%作为初始出价，然后根据实际的引流效果进行调整。

2. 添加直播创意

通过"从创意库选择""本地上传""从直播广场添加"3种方式添加直播创意。由于直播的时效性非常强，为了避免因审核而导致最佳投放时间错失，卖家最好先申请直播间，申请之后再去添加创意。

3. 定向人群投放

直播推广目的不同，导致不同投放人群的投放策略也是有区别的。在直播人群的定向推广方面，以下策略可供借鉴，见表4-7。

表 4-7

推广目的	日常引流	促销活动
营销场景	推广新品、日常销售	大促活动、店铺活动
投放时间	提前预热1~2天，直播当天持续引流	提前预热拉新，利用1~2天召回潜在用户，直播当天加大力度召回潜在用户
投放人群	潜在用户、老用户	拉新
定向方式	定向竞品（直播间的商品）、DMP组合（新用户+老用户）	直播人群、访客定向、店铺型定向、DMP类目标定向、类目型定向——高级兴趣点、行业定向
建议出价	在市场均价上降低20%	在市场均价上增加20%
素材选择	强调新品或会员日	强调优惠力度和活动推广机制
落地页维度	店铺内预告+直播间	PC端和移动端店铺首页同步预告+直播间

选择淘宝客，指引消费通路完成产品转化

　　淘宝客是阿里妈妈平台为淘宝平台提供的一款有效的产品营销推广工具。具体来说，淘宝客是一个按照成交量计费的推广工具。卖家借助淘宝客进行产品营销推广，当买家通过推广链接进入店铺完成交易之后，卖家就会支付一定比率的佣金给对应的淘宝客。所以，淘宝客在提升店铺成交机会，进而促进产品转化方面有很大的作用。

认识淘宝客推广工具

　　淘宝客可以说是帮助卖家推广产品的推销员，淘宝客会通过淘宝客专区获取商品的代码，任何买家在使用淘宝客推广的商品链接进入卖家店铺完成消费之后，淘宝客都会获得卖家支付的相应佣金。淘宝客的业务由卖家、买家、淘宝联盟三方的参与来完成，见图4-7。

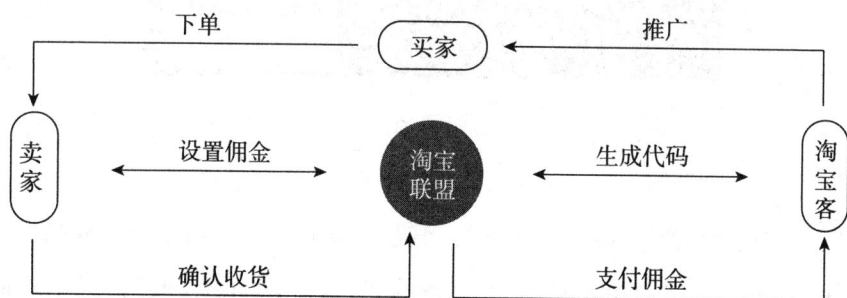

图4-7

　　淘宝客通常可以分为两类：一类是个人，包括博客主、论坛会员、聊天工具使用者以及个人站站长；另一类是网站，包括博客、门户、资讯、购物比价及购物搜索网站等。可以看出，数量庞大的淘宝客让淘宝客平台具有明显的推广优势，见图4-8。

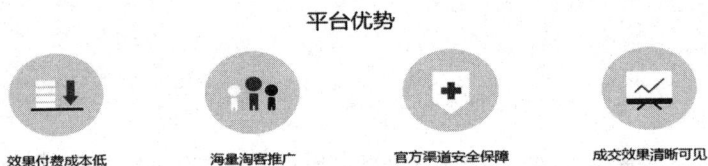

图 4-8

　　使用淘宝客首先要登录淘宝客账户，在阿里妈妈平台的"联盟商家中心"，用户用账号或手机淘宝扫码即可登录，见图4-9。当然，在淘宝账号还没有达到开通淘宝客的条件时，无法参与淘宝客推广计划。当账号符合开通淘宝客的条件时，卖家就可以在淘宝客创建、查看、管理推广计划。

图 4-9

　　卖家在使用淘宝客推广产品时，最多只能选择店铺中的20件商品添加到淘宝客推广专区，淘宝客在选择相应的产品之后，即可在他们的推广页面进行展示，处在推广页面的商品，就是淘宝客的助推产品。

淘宝客的使用技巧

淘宝客在为商品引流时，能提高 3 倍以上的转化率，基于对这一点的认识，我们需要掌握一些淘宝客的商品推广策略，来为淘宝客推广计划的执行做好准备。

1. 商品分析是使用淘宝客推广执行的前提

要做好淘宝客推广，先要做好自己的商品和店铺，在这样的基础上，我们就可以选择合适的商品进行淘宝客推广。此时，以下这些推广商品的选择原则将会帮助卖家找到合适的推广商品，见图 4-10。

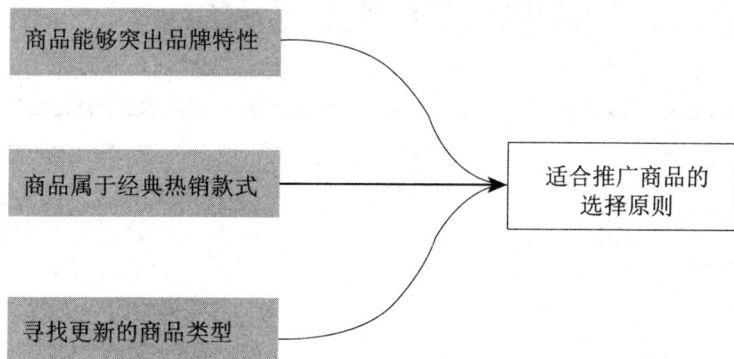

图 4-10

2. 不同推广计划要选择与之相适应的商品

针对不同的淘宝客推广计划，商家要选择不同的商品进行推广。

3. 用优势明星商品来吸引淘宝客

在店铺商品类目中，肯定会有一些明星商品，这些明星商品能快速吸引淘宝客，所以在制订淘宝客营销推广计划时，可以通过明星商品来吸引淘宝客，让他们能够快速被商品吸引，快速带动明星产品及其他产品进行转化。

4. 高佣金高转化的佣金设置

卖家在向淘宝客支付佣金时，一般都是按照一定的比支付佣金的，这个佣金的计算公式如下：

$$佣金 = 商品单价 \times 佣金比率$$

具体的佣金计算规则，见图 4-11。

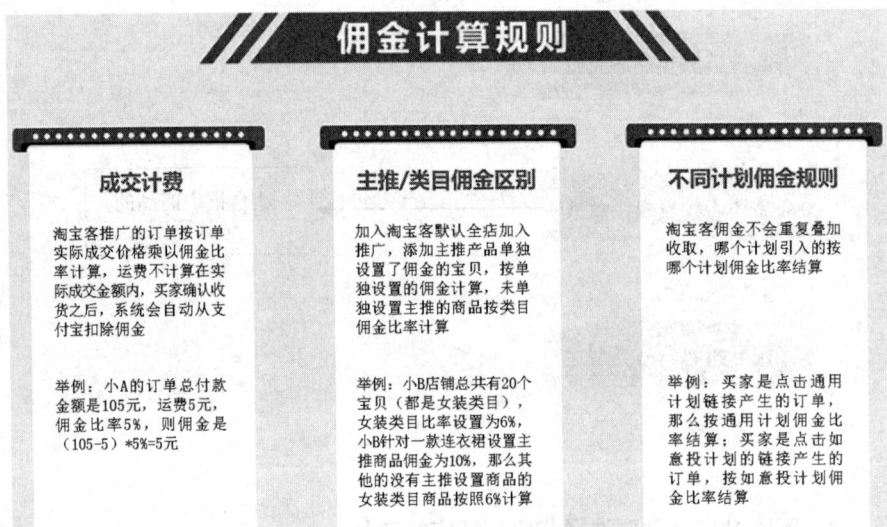

佣金计算规则

成交计费

淘宝客推广的订单按订单实际成交价格乘以佣金比率计算，运费不计算在实际成交额内，买家确认收货之后，系统会自动从支付宝扣除佣金

举例：小A的订单总付款金额是105元，运费5元，佣金比率5%，则佣金是（105-5）*5%=5元

主推/类目佣金区别

加入淘宝客默认全店加入推广，添加主推产品单独设置了佣金的宝贝，按单独设置的佣金计算，未单独设置主推的商品按类目佣金比率计算

举例：小B店铺总共有20个宝贝（都是女装类目），女装类目比率设置为6%，小B针对一款连衣裙设置主推商品佣金为10%，那么没有主推设置商品的女装类目商品按照6%计算

不同计划佣金规则

淘宝客佣金不会重复叠加收取，哪个计划引入的按哪个计划佣金比率结算

举例：买家是点击通用计划链接产生的订单，那么按通用计划佣金比率结算；买家是点击如意投计划的链接产生的订单，按如意投计划佣金比率结算

图 4-11

所以，当淘宝客成功完成推广营销之后，除去付给平台的服务费之后，就能得到自己的推广收入回报。卖家在具体的佣金设置环节，要确定一个合适的、可接受的佣金比率，将更高的佣金回馈给淘宝客，这样更有利于促进商品转化。具体而言，不同规模的卖家，针对不同的推广活动，佣金比率设置一般按以下模式进行，见表 4-8。

表 4-8

佣金比率设置	模式	目的与佣金水平
中小商家的佣金设置	通用计划	主要目的：新淘宝客参与推广
		整体佣金：行业平均值或偏高，个别热卖单品可以设置高佣金
		大促活动：例如"双11"期间，需要控制通用计划佣金，不宜太高
	定向计划	主要目的：获得淘宝客的联系方式，并了解其推广渠道，激励其更加积极地推广
		整体佣金：需要高于通用计划
大商家的佣金设置	通用	主要目的：吸引淘宝客参与
		整体佣金：较低水平或中等水平
	进阶	主要目的：激励淘宝客加大推广力度，吸引他们留下联系方式，便于后期管理
		整体佣金：中等偏高水平的佣金比率
	进阶	主要目的：宣传推广计划，聚焦核心淘宝客资源
		整体佣金：较高水平的佣金比率

高佣金对吸引淘宝客有很好的优势，商家可以设置较高的佣金比率来吸引优秀的淘宝客为店铺推广产品。此外，商家还可以在佣金之外对淘宝客设置推广激励计划。

各种淘宝客推广计划

目前，淘宝客推广计划共有六种类型，见图 4-12。商家可以利用这些淘宝客推广计划建立有效的线上营销团队，从而提升店铺的产品转化率。

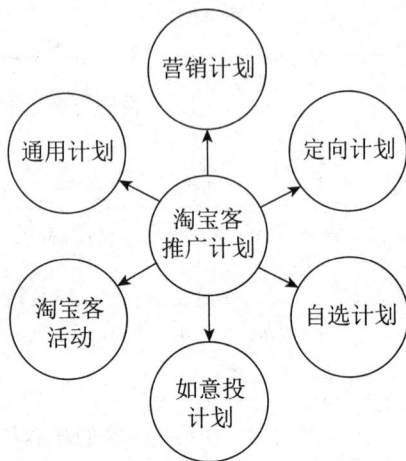

图 4-12

1. 通用计划

用于店铺推广场景，其推广渠道广泛，成本可控，卖家可以设置合理的佣金比率（0.5%~50%），吸引淘宝客加入。计划创建之后，淘宝联盟会将其转换成推广链接，发布到淘宝以外的渠道（淘宝客个人网站、站外社交平台等）推广，展示位置取决于淘宝客拥有的资源，位置不固定。

2. 营销计划

商家在淘宝联盟后台进行单品推广的新计划。该计划将支持单品推广管理、优惠券设置管理、佣金管理、营销库存管理（待上线）、推广时限管理等商家推广所需的基本功能，并可支持查看实时数据及各项数据报表。

3. 定向计划

卖家针对不同质量的淘宝客设置的推广计划。卖家可以筛选加入的淘宝客的等级，也可以自主联系淘宝客来申请加入。除了一个通用推广计划外，卖家可以最多设置 30 个定向推广计划，在创建定向推广计划时，计划可以选择是否公开，审核方式设置成自动或手动，计划的开始和结束时间确定。

4. 自选计划

是"定向计划"的升级计划。该计划是为商家管理淘宝客而量身定制的新计划。除提供淘宝客推广店铺效果数据、淘宝客推广能力评估外，商家还可根据各淘宝客的推广情况选择同淘宝客建立具体的推广关系，如为某淘宝客开设人工审核的定向计划等。

5. 如意投计划

系统根据卖家设置的佣金比率和商品的综合质量情况，将商品智能推送到爱淘宝搜索结果页、中小网站橱窗推广等页面上展现。

6. 淘宝客活动

又名"鹊桥"，顾名思义，意在搭建淘宝客与卖家之间的沟通推广桥梁。卖家在淘宝客创建的活动广场报名参加活动，淘宝客针对报名的商品筛选后进行推广。活动可以公开给其他淘客，若选择公开，则当有其他淘客推广该活动时，成交后获得的佣金按一定比率给活动创建者。

以精准搜索为起点，多种策略锁定客户

我们可以通过某一种引流工具为店铺产品带来流量，同时，我们也可以将多种引流工具有效地结合起来，为店铺产品带来更精准的流量，从而更好地促进产品转化率的提升。在淘宝天猫平台，为了让产品能够更快速地实现转化，我们可以采用搜索优化与"直钻搜"结合的方式来为产品高效引流和推广，增加产品的曝光度，激发用户的需求，从而增加产品的下单量。

搜索优化让产品步入精准转化

搜索优化就是对搜索引擎（SEO）进行优化，这也是网店营销推广的方法之一，它在营销推广中的作用是提高目标店铺或目标关键词在平台搜索引擎中的排名，从而让产品实现有效展示的目的。所以，搜索优化通过提高产品的展示机会，来给产品的转化提供可能。那么店铺如何通过搜索优化来提高产品的转化率呢？

1. 关键词是基础

用户一般的搜索习惯都是按关键词进行的，也就是说，关键词是用户在搜索时键入的能够表达其需求的词汇。用户在搜索引擎中输入关键词时，搜索引擎能将关键词背后的产品呈现给用户，当键入的关键词与产品对应的关键词的紧密度越高时，产品越能优先展示给用户，而这些优先展示给用户的产品，其发生转化的机会也就越大。所以为了让产品能够通过关键词的搜索定位快速呈现给用户，就需要对关键词这个搜索基础进行优化。关键词优化一般是按照大树法则进行的，见表4-9。

表4-9

大树法则		关键词优化启示
时间	从树苗长成大树需要很长的时间	优质关键词的诞生需要时间的打磨积累
不动	树在成长过程中经历风雨，但屹立不倒	关键词必须要有坚守的核心和专注的方向
根基	树根吸收营养促进树木长大	不断地学习能给关键词的优化提供可能
向上长	大树不断向上生长，枝繁叶茂	关键词要随着需求的变化不断朝着优质的方向改进
向阳光	阳光是树成长的希望，追寻阳光能让树长得更高	关键词的优化要有一定的目标，确立目标才会有更强的动力

2. 淘宝的关键词词根识别原理

词根是指淘宝系统能够识别的最小关键词单位。在直通车的生意参谋后台市场搜索词分析中，词根分为：核心词、品牌词和修饰词，还有长尾词（流量遵循"二八分配"的原则）和热搜词推荐。当然，在不同的产品类目中，相同的关键词也会被分配到不同的词根中。例如，"小米"既可以在手机类目中，也可以在食品类目中。不过按照相关度的原理，品牌词、核心词与修饰词是不能进行拆分的，也就是所有的关键词都是由这3种词根中的1种或2种、3种组成的。

3. 关键词词根优化制作商品标题

商品的标题最好是由关键词词根制作而成的，这样商品更容易通过关键词搜索出现在用户面前。不过，在用关键词词根优化商品标题时，要遵循以下原则，见图4-13。

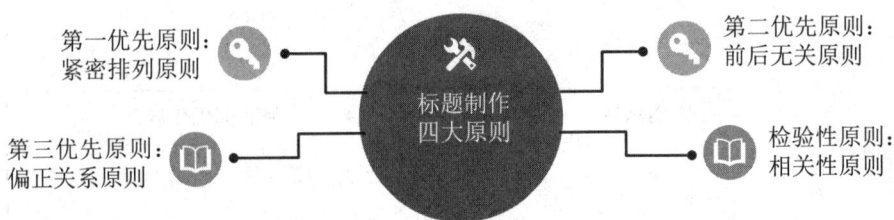

图 4-13

（1）紧密排列原则：关键词要完整地放在标题中，中间不间隔其他词汇，这样的关键词标题权重更高，获得搜索曝光的机会更多。

（2）前后无关原则：关键词的词根顺序错放或拆开，是不影响搜索结果展示的，但是会影响搜索权重。

（3）偏正关系原则：修饰词尽量放在核心词前面，即标题最后一个关键词尽量为核心词（名词），这样呈现给用户的阅读体验会更好。

（4）相关性原则：这是一个检验型的原则，也就是标题中所选择的关键词要与产品类目、属性相关，并且这种相关性越强越好。

"直钻搜"高阶推广引流策略

利用直通车、钻展、SEO 相互结合的方法为产品引流是一种高阶的引流推广策略，这三者相互结合使用的情况主要有以下几类。

1. 直钻结合引流技巧

直钻结合就是将直通车和钻展这两个工具结合起来为产品引流。具体来说，直通车是主动搜索，重点在于转化方面；钻展是被动展示，重点在于吸引流量。那么，直钻结合起来之后，流量就会被放大，这样就能为产品或店铺带来巨大的流量。所以，直钻更加侧重于流量的积累，通过两种工具相互配合，打造出流量闭环来完成产品转化，见图 4-14。

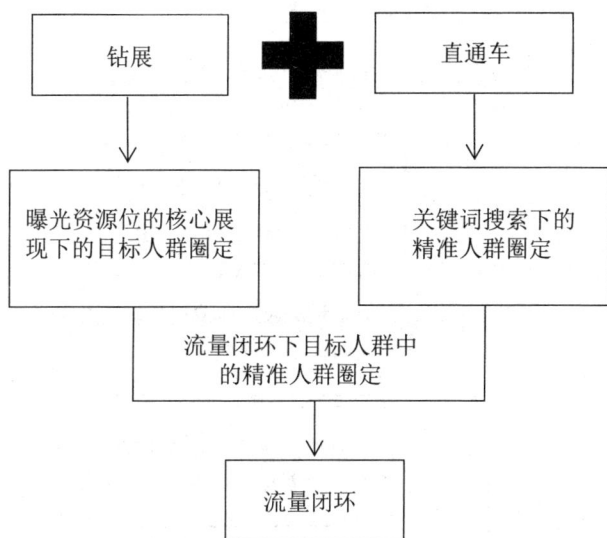

图 4-14

直钻结合引流主要应用在店铺访客较少的情况下，该引流方案能为店铺带来充足的流量，具体做法见图 4-15。

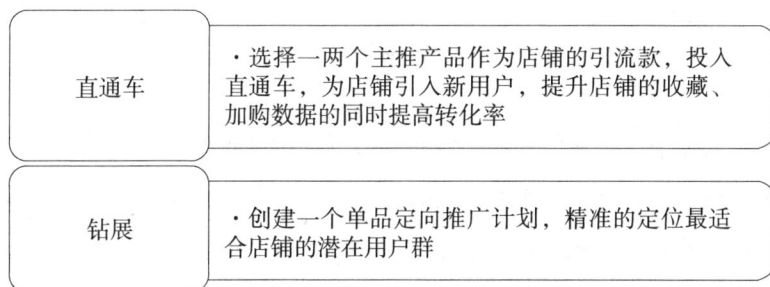

图 4-15

2. 直搜结合的引流技巧

直搜结合就是将直通车和自然搜索结合起来引流，促进产品转化。具体来说，直通车是通过抢得分和提升基础权重来带动自然搜索流量的提升的，见图 4-16。

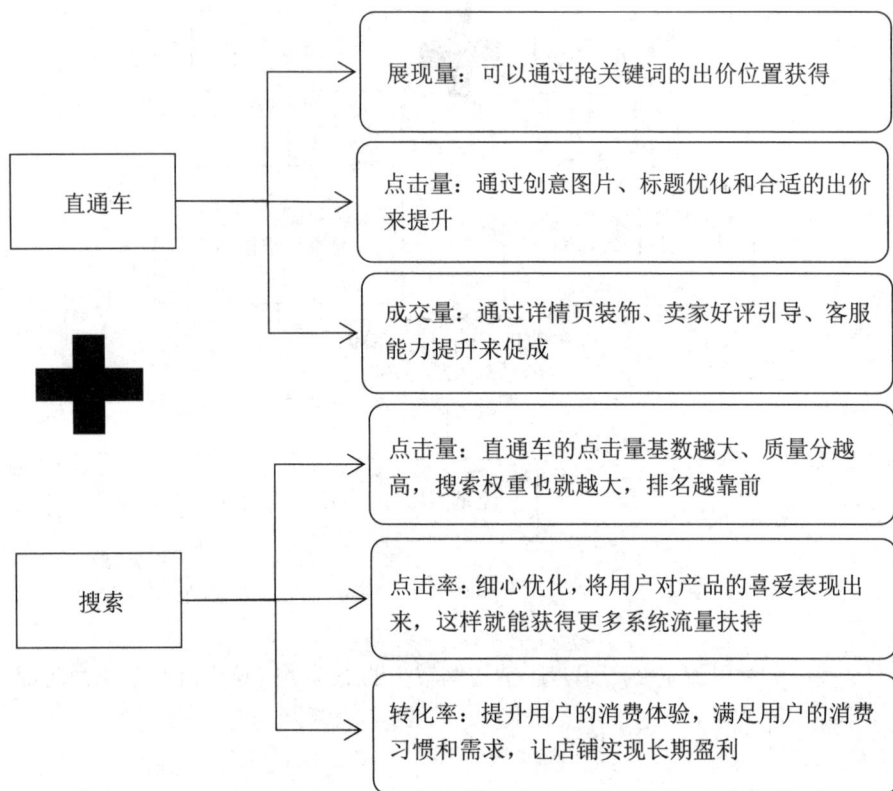

展现量：可以通过抢关键词的出价位置获得

点击量：通过创意图片、标题优化和合适的出价来提升

成交量：通过详情页装饰、卖家好评引导、客服能力提升来促成

直通车

点击量：直通车的点击量基数越大、质量分越高，搜索权重也就越大，排名越靠前

点击率：细心优化，将用户对产品的喜爱表现出来，这样就能获得更多系统流量扶持

转化率：提升用户的消费体验，满足用户的消费习惯和需求，让店铺实现长期盈利

搜索

图 4-16

淘宝天猫平台在阿里妈妈平台的支持下，有直通车、钻展、淘宝客等资源工具的辅助，其转化率的提升通路非常广泛。只要淘宝、天猫卖家有效利用这些资源工具，店铺产品就将会迈入一个高效转化的场景中。

小攻略 >>>

淘宝客优化管理，提升店铺转化

淘宝联盟是淘宝客聚集的主要阵地，这里已经成为一个内容商业化转化的胜地。同时，淘宝联盟基于淘宝客基础，孕育出了淘宝达人、淘宝直播、自媒体人等角色。这些角色都有非常强大的社交分享和传播能力，是新零售经济形态下产品转化的中坚力量，在产品引流方面具有不可或缺的作用。

对于淘宝平台的卖家来说，拥有一支淘宝客这样的线上销售队伍是非常有必要的。当这些销售员的推广领域越大时，越能够为产品找到充足的用户，产品就越能够快速转化。而且，淘宝客还是一种非常低成本（只有佣金）的营销举措，风险较小，投入产出比明显。所以，卖家要对自己的淘宝客资源进行有效管理，力求通过优化的管理方式来推动淘宝客更大的积极性，为实现产品高效转化建设好淘宝客队伍。

当卖家选择淘宝客进行营销推广，并且建立淘宝客营销队伍时，首先需要知道淘宝客的招募路径，它主要有以下几种来源路径。

1. QQ群

QQ群聚了大量具有相同兴趣爱好的人，因此QQ群也是淘宝客聚集的天地，在这里寻找淘宝客简单且高效，并且通过查看淘宝客之间的聊天记录，还可以对淘宝客的能力进行初步的判断。在具体寻找合适的淘宝客时，卖家可以在QQ群中搜索"淘宝客""淘客"等关键词，然后利用找群的方式查找到大量淘宝客交流的淘客群。经过筛选，卖家就可以选择合适的淘客群申请进群，通过与各位淘客交流，跟他们建立良好的关系，再对各位淘客的喜好和需求加以了解，这样就可以为自己店铺中的相关商品类目找到合适的推广淘客。

2. 微博

微博是一款比较流行、受众人群较大的社交工具。因为有庞大的人群基础做支撑，微博也成为各路商家开展营销的一个重要阵地。而且在微博中，汇集着各种各样的营销人才，淘客就是其中之一。例如，微博上的一些大V淘客博主坐拥数量庞大的粉丝，能给卖家的产品带来疯狂的曝光量。除了庞大的粉丝基础之外，这些大V淘客博主在产品营销内容方面也有非常丰富的经验，他们能根据营销内容进行非常精准的营销推广，也就是能给产品带来非常精准的流量。大部分微博大V淘客博主都会对自己的淘客身份进行微博认证，还会将自己的联系方式放在资料简介中，这就给卖家提供了有效的微博大 V 淘客博主的联系通路。

3. 站外专业网站

有些网站是专门为产品的营销推广而创立的，这些网站上也聚焦着很多大 V 级别的淘客，所以，专业网站也是寻找淘客的又一个有效渠道。例如，大淘客、淘客镇等，这些专业网站的实力和资源非常充沛，吸引了大量优质淘客团队入驻，卖家可以进入这些网站，为自己的商品寻找合适的淘客。

4. 淘宝客后台

在淘宝客的后台，有一个"团长招商活动"的板块，这里其实就是一个淘宝客资源汇集的官方资源平台，有品牌团、单品招商、券直播、白菜价、直播 / 达人招好货、聚划算、拼团等营销模式。因此，卖家可以根据自己的推广需求，在淘宝客后台直接寻找合适的产品推广淘客。

卖家可以通过淘宝客为自己的产品引流、增加曝光量、促进转化，所以卖家一旦采用淘宝客作为自己的线上销售员，就需要对这些线上销售员进行有效的后期维护，以期其能够为卖家产品的稳定销售做好服务工作。一般来说，卖家会通过以下方式进行淘宝客的后期维护工作。

（1）收集淘宝客的信息，通过社交群（微信群、QQ 群、微博群、邮箱分组等）将他们聚集在一起，及时向他们传递店铺的活动信息。

（2）在活动开始之前就发布相关的活动素材，以便淘宝客利用其做推广活动。

（3）多与淘宝客进行交流沟通，为他们提供必要的帮助。例如，为淘宝客提供店铺的最新情况、技术支持、推广工具等。

第五章
引流与分析工具，推动京东平台产品转化

  京东平台依据强大的物流基础设施网络和强劲的供应链整合能力，步入了高速高效运营的发展阶段。在追求品质电商的信念下，京东平台在电商市场中的站位日益强化，越来越多的商家入驻京东平台。京东平台本身具有丰富的流量，但是随着商家的不断入驻，分配给每一家店铺的流量自然而然就变少了。所以，京东平台的电商卖家为了提升产品转化率，必须要通过有效的方法来为店铺引流赋能，力求将店铺的转化率提升到一个更高的层次，这样店铺就能依托京东平台的优势，不断壮大自己的实力。

京东快车：精准、多维、智能、推荐

京东快车是免费曝光、按点击付费、在站内多平台精准投放的实时竞价类广告营销工具。该工具通过精准定向来提供多维的数据，通过商家对关键词或广告位的出价，来将商家的产品、活动、店铺等信息在京东平台的主要广告位上进行展示，以此来帮助商家的产品、活动、店铺更好地触及潜在目标用户。可见，京东快车是店铺高效引流的重要工具，能为商家打造个性化的营销方案。

PC 端和移动端的京东快车展示位置

京东快车具有精准投放、多维数据分析、智能推荐、推荐 SKU[①] 的特点，以广告排序分来决定快车广告的位置，而不同的广告位置，会为产品转化引来不同的流量。就京东快车广告位展现的具体位置来说，其在 PC 端和移动端也是不同的。

1. PC端的快车广告展示位置

在 PC 端，推荐广告位中的"商品推广"展示位与"活动推广"展示位，以及搜索广告位中的"商品推广"与"活动推广"展示位都处在不同的位置。

（1）推荐广告位中的"商品推广"展示位位于产品三级类目列表页，

---

① SKU即为Stock Keeping Unit（库存量单位）的简称，目前已经被引申为产品统一编号的简称，每种产品均对应唯一的SKU号。推荐SKU是指根据商品的历史数据，为用户推荐爆款SKU、新款SKU、流量款SKU。

分别是顶部的"热卖推荐"、左侧的"商品精选"和底部的"商品精选"，见图5-1、图5-2、图5-3。

图 5-1

图 5-2

图 5-3

（2）推荐广告位中的"活动推广"展示位位于三级类目列表页左侧的"达人选购"处，见图5-4。

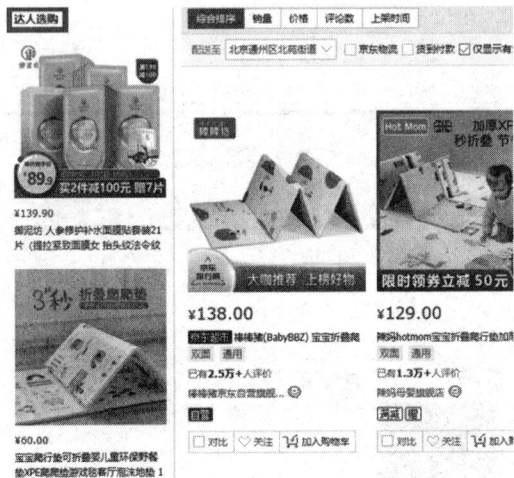

图5-4

（3）搜索广告位中的"商品推广"展示位位于搜索结果页左侧的"商品精选"处和底部的"商品精选"处，见图5-5、图5-6。

图5-5

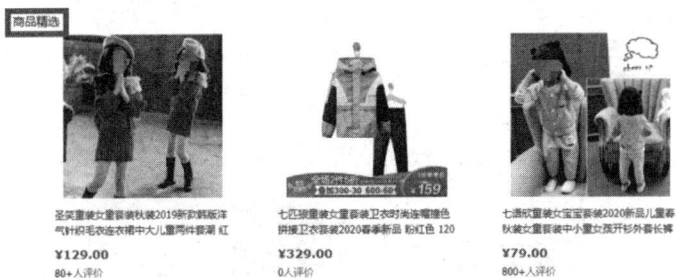

图 5-6

（4）搜索广告位中的"活动推广"展示位分为普通样式和高级样式。其中，普通样式位于搜索结果页左下侧的"商家精选"处，高级样式穿插在搜索结果页自然商品中，见图 5-7。

图 5-7

这些广告的展示位置会根据搜索词流量在第一页中展现 2~4 个广告。

2. 移动端的快车广告展示位置

在移动端，也就是京东 App 或"京东购物"小程序中，推荐广告位的展示位置每页包含两个广告位，其右下角会标注"广告"的字样。

（1）在移动端，京东 App 中推荐广告位和搜索广告位的展示位置见图 5-8。

图 5-8

在搜索结果广告位中，每页会默认有 11 个 SKU，其中含有 1 个广告位。

在移动端，京东快车的展示位置比较多（各个页面的"为你推荐"），各种不同类型的入口，都能够带来碎片化的流量。京东平台的商家要尽可能熟悉这些广告展示位，分析出哪些位置的广告能够带来较好的点击率和转化率，这样才可以有选择性地去相应的位置投放适合店铺或产品转化的快车广告。

（2）"京东购物"小程序的搜索结果广告位中的展示位置见图 5-9。

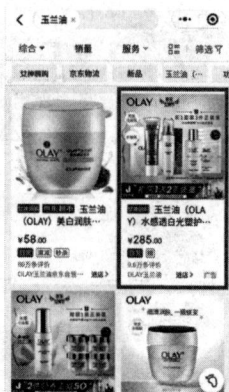

图5-9

京东快车的普通投放操作指南

商家利用京东快车做普通的广告投放工作时，登录京准通商家操作平台，由导航栏的"营销产品"进入"京东快车"，或者直接在京东快车的介绍板块单击"进入系统"，即可以进入京东快车推广广告位创建投放页面。

按以下步骤完成每一步，见图 5-10，即可实现产品广告投放操作。

创建计划	添加单元	添加创意	物料审核	竞价成功	推广展现
已注册京准通用户，在京东快车中创建商品/活动推广计划	在已创建计划中添加单元，并设置用户定向、关键词	在已创建单元中，添加创意对应商品、创意文案、创意图片	审核人员对商家提供的素材、资质进行审核	根据商家在京东快车投放端资质的预算及出价实时竞价	对于审核通过且竞价成功的广告，在商家选定的投放设备上播放

图 5-10

在京东快车的普通投放操作中，商家要注意以下几点。

（1）商家要按照行业和店铺自身的流量峰值来设置和调整出价，同时根据店铺自身状况对投放时间段进行调整。

（2）商家可根据商品特性、季节性、地域性等因素来执行推广单元的地域设置。

（3）当关键词相关性分类与推广的 SKU 所属类目一致时，广告展现的概率最高。

京东快车的海投计划操作指南

京东快车的海投计划实质是基于 AI 算法的一种智能广告产品，它能够帮助广告主实现一键批量广告投放。海投计划按照广告的点击次数扣费，是一种实时竞价类广告营销产品。

海投计划有着明显的广告优势：操作简单，人工操作成本很低，不需要进行复杂设置就可以实现全店铺产品的智能推广；产品智能，在京东平台大数据的支撑下，系统可以定向触发海投广告，极大地提升了产品的智能性；功能丰富，商家可根据不同的经营情况及推广目标，对预算、价格进行设置，同时还支持对推广产品及关键词的特殊调整；数据分析，多维的数据分析报表，能帮助商家精准监控推广效果，深入分析推广策略，及时总结分析技巧。

如今，京东快车的海投计划越来越丰富。具体内容见表 5-1。

表 5-1

使用情型	具体计划	针对的对象
日常推广	经典海投计划	全店产品
	首焦海投计划	日消型持续投放
	PUSH海投计划	按资源划分不同计划
时效推广	闪购计划	时效类产品
	其他	时效期内投放
		按商品类型划分不同计划
活动推广	活动海投	活动页投放
		活动期投放
		打造活动类资源的聚合池水，一键为活动页引流

  商家利用京东快车做海投计划时，在京东快车的"海投计划"进行相应的操作即可。对于不同的海投计划，相应的操作技巧还可以直接到京准通的"在线学习平台"进行了解。

  京东快车可以为店铺精准地引入所需要的流量，在商家执行京东快车时，还需要适时地对快车计划进行优化。这主要包括以下几个方面的优化。

1. 优化精准人群

  商家要首先对用户的成交占比、客单价占比、客户来访时间、成交时间等数据进行分析，在此基础上进行客户购买分析和客户特征分析，从而得出行业类目的客户现状，这样才能够分析出要投放的人群，从而及时对快车计划进行修改。

2. 优化精准区域

  商家通过收集成交金额占比、人数占比、商品数量占比等数据，可以分析得出类目省份和店铺省份，这样就可以得出对店铺产品感兴趣的用户所处的区域位置。

3. 优化精准广告位置

在对京东快车广告位了解的基础上，出价定位找到产品的位置，同时对竞争对手的快车位置进行估计，优化自己的快车计划，从而提升商品的质量得分。

4. 优化关键词

商品在不同的出售阶段，需要用不同的关键词与其相匹配。一般在销售的初期，关键词以精确为主，这样就可以提升商品的质量得分；后期时关键词以流量为主，为产品增加流量。

品牌的高曝光实现深度引流

在电商平台中，产品或品牌的曝光度与流量紧密相关。产品或品牌的曝光度越高，越有利于产品或品牌的转化。为了让产品或品牌有一个高曝光度，就需要将产品或品牌放在平台的最佳展位，这样平台上的绝大多数用户才会注意到产品或品牌的内容。在京东平台上，品牌聚效和品牌展位是帮助产品或品牌引流的有效工具，对产品或品牌的高效转化有着重要的作用。

品牌聚效让品牌实现站内外曝光

品牌要能在竞争中脱颖而出，与品牌的曝光度是密切相关的。只有当品牌具有了高曝光度之后，产品才能够更加全面地展现在用户面前，这样产品才算是获得了充足的流量。品牌高曝光度的实现主要依赖于品牌聚效推广。

品牌聚效是京东站内外最优质的营销推广位，海量品牌曝光，能让用户迅速注意到你！无论是品牌造势还是活动推广，都能游刃有余。

品牌聚效是按访问人次进行收费的产品推广模式。具体来说，当商家将所要推广的单元投放到品牌聚效中时，通过实时竞价展现资源，再依据访问人次和报价进行收费。品牌聚效适用于品牌的曝光与活动的推广。品牌聚效的投放过程见图5-11。

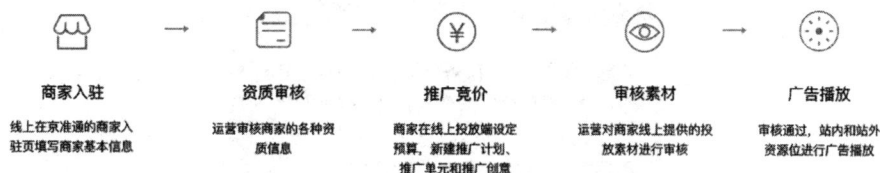

图 5-11

　　品牌聚效在站内的展现位置主要分布在京东平台首页面顶部、底部，以及首页首焦、京东 App 首焦，见图 5-12、图 5-13、图 5-14。

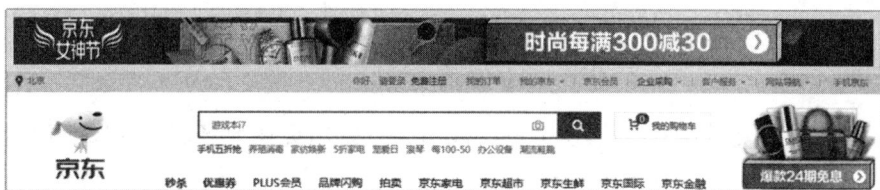

图 5-12

图 5-13

图 5-14

品牌聚效在站外的展现位置比较多，可以出现在很多网页的广告位置中，从而增加产品或品牌在站外的曝光度。

品牌展位为品牌注入有效的流量

为了让品牌能轻易进入用户的视野，品牌展位发挥了重要的作用，品牌展位可以说是品牌在站内展示的最显眼的位置。就品牌展位而言，其汇聚了京东站内的优质资源，具有超强曝光度，是品牌与用户接触的核心位置，可以非常有效地为品牌造势，非常有利于品牌活动的推广，对品牌的转化有着很好的提升作用。

具体来说，品牌展位是按照广告展现天数收取费用的，商家可以自由选择时间，自主进行展位广告投放。当商家签订品牌展位合同之后，店铺的推广会在相应的广告位上曝光 24 小时。所以，品牌展位比较适合大型的活动推广及品牌推广。

进行展位投放之前，商家首先要在线下完成位置的选择与购买，提前排期，这样也是为了在后台对展位进行管理。品牌展位是品牌展示的黄金位置，这里的超强曝光度吸引着很多商家为自己的产品进行展位广告投放、品牌宣传。就展位广告的投放而言，其一般顺序见图 5-15。

创建排期账户	签订合同/生成计划	在线/线下付款	创意审核	推广展现
在CPD广告位管理中创建排期账户并绑定京准通登录Pin	与运营确认购买资源位及排期方案，签订合同	在投放排期开始前预先支付广告费用	系统绑定合同后，上传符合资源位要求的创意，运营对创意进行审核	到达采买排期资源位播放审核通过的创意

图 5-15

品牌展位的主要展示位置是京东商城站内首页的首焦位置、京东 App 首页首焦、京东站内顶部或底部。

品牌展位的价格比较实惠，适合店铺，对于做店铺推广的商家来说，是比较划算的广告投放形式，能帮助店铺的产品进行高效转化。

流量产品＋资源，提升产品的关注度

京东平台的后台还有很多工具可以帮助商家做产品推广，例如京挑客、京东直投。利用这些工具，能为店铺注入更多的流量和资源，帮助店铺的产品实现快速转化。可以说，这些引流工具给了店铺更多的转化机会和选择，店铺可以根据自己的推广计划，选择一个或多个引流工具来给店铺产品带去更好的转化机会。

京挑客的引流能力

京挑客是汇聚了购物分享、返利、娱乐等 15 种流量资源的引流工具，是为京东平台的自营商品及 POP 商家[①] 提供的按照实际成交金额给推广者支付服务费用（销售分成）的广告投放产品。与其他广告推广模式相比，使用京挑客做推广活动，商家承担的广告风险较低，而且还能免费展示和点击，是一种比较实用的广告投放模式。

广告主使用京挑客进行推广时，不同的商家有不同的登录方式。就 POP 商家来说，其可以直接使用京东商家账号登录京准通，选择相应的京挑客入口进入，然后勾选"同意服务协议"选项即可进行推广操作。对 POP 外的其他商家广告主而言，需要联系对应的京挑客运营人员，开通京挑客权限之后，才可以进行推广。

京挑客广告的投放操作，需要在京挑客首页按提示来操作，不同商家的

---

① POP，第三方销售的统一叫法。

广告投放流程分别如下。

（1）自营店铺商家的广告投放流程见图5-16。

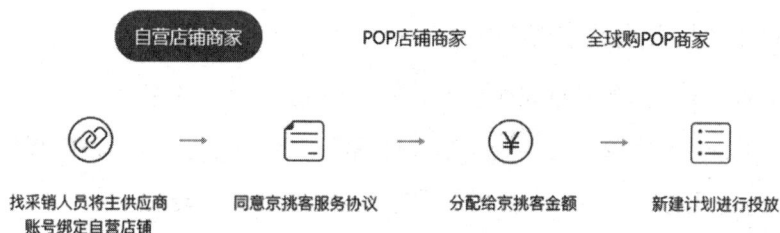

图 5-16

（2）POP店铺商家的广告投放流程见图5-17。

图 5-17

（3）全球购POP商家的广告投放流程见图5-18。

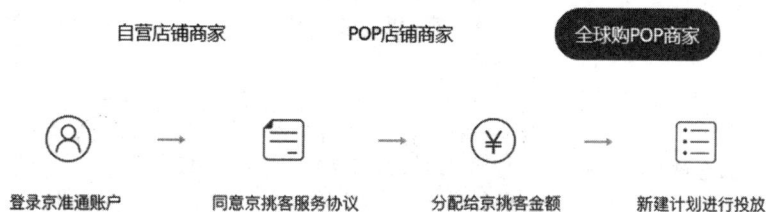

图 5-18

京挑客最终的展示广告位位于京东平台"什么值得买"首页首焦、百度
VIP 首页首焦。

京东直投实现精准付费引流

京东直投最开始是京准通平台中的一款与腾讯合作的精准定向付费引流
产品。不过，在发展过程中，京东直投逐渐与各大主流社交媒体实现接轨，
成为一个帮助京东平台广告主在各渠道投放广告的有力工具。

商家在京东直投的后台上传推广活动的相关广告素材，就能够获得千亿
级主流媒体的优质流量。京东直投按照点击扣费，也就是只有发生点击时才
会有扣费，而其扣费金额是在下一名商家的出价基础上加价确定的，每次点
击产生的实际扣费小于或等于商家的出价。在该平台上，展示是免费的。

京东直投因为与多方媒体相结合，所以它在引流方面有非常强大的优
势，这主要表现在以下几个方面，见图 5-19。

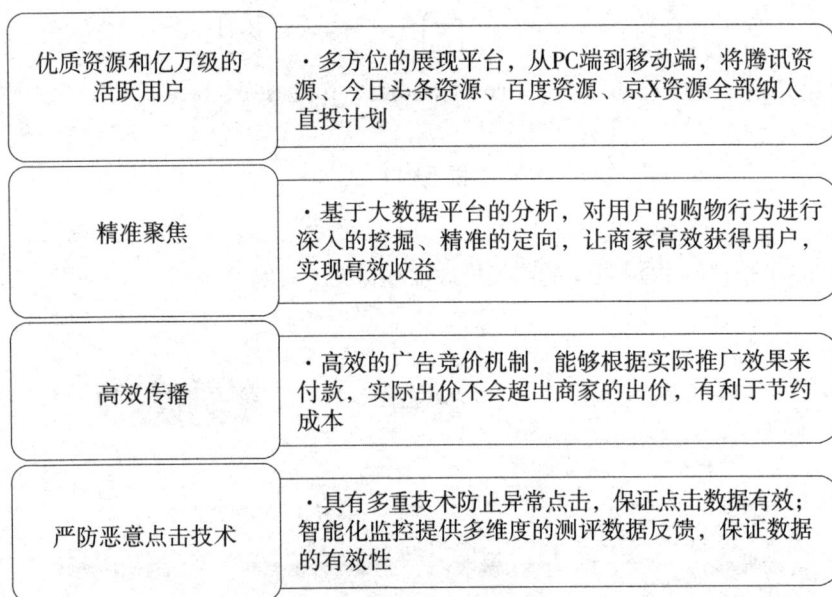

优质资源和亿万级的活跃用户	·多方位的展现平台，从PC端到移动端，将腾讯资源、今日头条资源、百度资源、京X资源全部纳入直投计划
精准聚焦	·基于大数据平台的分析，对用户的购物行为进行深入的挖掘、精准的定向，让商家高效获得用户，实现高效收益
高效传播	·高效的广告竞价机制，能够根据实际推广效果来付款，实际出价不会超出商家的出价，有利于节约成本
严防恶意点击技术	·具有多重技术防止异常点击，保证点击数据有效；智能化监控提供多维度的测评数据反馈，保证数据的有效性

图 5-19

京东直投的后台系统具有简洁的导航、清晰的功能模块。广告投放者在该界面按这样的操作流程进行广告投放：账户充值（充值账户以供广告投放消耗使用）→推广计划设置（可对多个投放广告进行统一管理）→用户群管理（设置用户群，将广告定向展示给潜在目标客户）→广告投放（设置单个广告信息及出价，完成广告投放）→广告管理（对已投放的广告进行"启用、暂停、删除"等操作）→数据分析（对广告投放效果进行数据分析以进行优化）。

在进行京东直投操作之前，广告投放者可先在京准通平台的京东直投页面（https://jzt.jd.com/edu/edu_guide.shtml）学习相关的京东直投操作，这里有为商家打造的京东直投设置技巧。

我们已经知道，京东直投包含诸多媒体的流量资源，可以说是京东无线通，它能够将京准通平台与各路优质媒体有效对接，让商家的广告进入各个媒体的展示位置，有效地激活各大优质媒体端的潜在用户，使商家在获得无限流量的同时，也获得高效收益。

全流程订单处理，有效接待客户完成转化率

京东平台设置各种推广路径的目的是激活各个端口的有效用户，促使用户下单。而在用户下单的环节，就需要妥善处理与订单相关的各种事项。订单处理涉及售前、售中、售后、店铺数据管理这四个层面。做好订单处理工作，能有效对接客户，提高产品的转化率，完善售后。订单处理作为商家的一项重要工作，其主要由京麦工作台（简称"京麦"）完成。京麦整合了京东平台及第三方软件服务商的优质资源，使得经营咨询信息、店铺信息、京东咚咚信息等融为一体，可以有效地促进店铺运营。

采用快捷回复，做好售前接待工作

售前的客服接待是店铺与用户交流的第一步。在售前的用户接待中，及时回复处在第一位。因为快速的客服响应，对提高用户满意度具有极好的作用。所以电商卖家的客服要在店铺的后台（咚咚聊天）设置好有效的快捷回复，这样就能够保证在客服接待量大或暂时离开时，仍可以保持较好的响应速度来为用户创造好的体验。

在咚咚聊天上，各种快捷回复的设置也有一定的技巧，见表5-2。

表5-2

快捷回复	举例
欢迎语	您好，请问有什么可以为您效劳吗?

（续表）

快捷回复	举例
与发货、物流相关的快捷回复	发货时间：16:00之前的订单，当天发出；16:00之后的订单，第二天发出。 正在帮您查询，感谢您的耐心等待
与商品相关的快捷回复	该商品的功能是×××，具有×××优势，目前正在进行×××促销活动
催拍话术	因为您是第一次购买，我为您申请了价值×××的赠品，该赠品目前只赠送给VIP客户，我们下午5:00就要发货了，只要您今天下单，就可以无门槛享受到该赠品
与催付相关的快捷服务	您好，您在我们店铺购买的商品还没有付款，我们下午5:00发货了，晚了您的商品就要到明天发了，请您尽快付款
与结束语相关的快捷回复	感谢您的惠顾，愿我们带给您一次愉快的购物体验，您的满意就是我们的最终目标，祝您购物愉快，欢迎下次光临

在设置快捷回复语时，注意要具有京东平台的特色，遵守相应的平台客服规则，这样才能更好地为用户服务。

售中接待技巧与订单跟踪必不可少

1. 售中的订单接待技巧

店铺客服人员与用户在售中会有很多接触机会，客服在接待中，要掌握一定的技巧，以便与用户进行高效交流，为其提供更加便捷的服务，见表5-3。

表 5-3

客服的接待技巧	具体内容
专业技巧和基本素质	熟悉商品属性，不夸大，也不过分强调，理性介绍，引导客户做出客观选择
	为客户着想，提高其购物体验
话术要求	符合京东商家的客服话术规范
	售前沟通需要快速、礼貌、热情、不敷衍
	肯定客户的眼光，适当地赞美客户
	根据客户的购买情况为其提供相应的赠品
响应时间	在接待客户之前要确保快捷回复的设置正确、合理，能第一时间响应
掌握聊天的主动权	坚持"七分问，三分听"的原则，通过询问了解客户的需求，有效引导其做出购买决策
跟单催单	选择在客户下单10分钟之后对其进行催单，同时要细心、贴心、耐心地进行催付

2. 售中的订单跟踪任务

售中的订单跟踪是确保产品顺利出库的基础。当商家收到客户的订单之后，需要及时对客户的付款情况、联系方式、订单备注、发票开具要求等信息进行确认，然后将无误的订单信息传递到仓库人员手中进行发货出库。

为了给用户更好的物流体验，客服人员要严格遵循京东平台的发货时效及规则，将快件的快递单号在交易达成的 24 小时之内上传至京东系统，及时更新产品的出库信息。

售后各项服务要及时

商家的售后服务包括很多内容，例如物流的跟踪、纠纷单的处理、售后退换货处理、商品的评价管理。

1. **物流的跟踪**

这是指商家在发货之后，要对快件的物流信息进行跟踪，协助用户进行快件的物流状态查询、配送等。遇到特殊事件对物流产生影响，或物流速度较慢时，一定要做好用户的安抚工作，让用户耐心等待快件，尽量避免出现退货或拒收单的情况。

2. **纠纷单的处理**

商家可能会收到用户发起的催单、投诉等，甚至会收到平台的违规处罚。针对这些纠纷单，商家要在纠纷单的处理时效（36小时）内与用户就相关的纠纷达成一致，为相应的纠纷找到合适的处理方案，避免平台介入让商家与用户进行举证仲裁。

商家在与用户处理纠纷时，要尽量在私下通过沟通找到一个折中的方案，尽可能以用户为重，以降低店铺的纠纷率。当然，对于一些协调不能达成一致的用户，商家要保存好相应的记录作为申诉的证据。

3. **售后退换货处理**

当用户在收到货物后有退换货需求时，商家的客服人员要做好指导工作，让用户在客户端进行退换货处理。同时，商家在自己的订单处理中心设置好订单退换货的审核处理流程，以便及时地为用户退款或换货。

4. **商品的评价管理**

用户对商品的评价也是非常重要的信息。好的评价信息在产品的详情页中呈现时，可以增加用户对产品的信任感，对其下单有很好的促进作用。而且商家对好评要做好回复工作。对于中差评，商家要用客观的态度针对相应的问题进行回复，尽可能采取措施减少用户的损失，这可以为商家树立良好的形象，增强广大用户对店铺的信任感。

　　店铺的售后服务工作是客服人员的主战场，客服人员在这里发挥着承前启后的作用，客服要尽职尽责做好自己的本职工作，遵循规则，理性服务，让用户享受到完美的售后体验。同时，要借助店铺服务监控平台的考核指标，及时调整相关指标，让店铺的偏离指标快速得到纠正。

实时数据分析，指引转化率提升方向

京东商智是京东平台常用的数据分析软件，能够为京东商户提供全方位的数据服务。这些分析涉及流量分析、销售分析、行业分析、主题工具、揽客计划，这些分析的时间维度可以分为分钟、小时、天、周、月，可以说是全面覆盖的专业数据分析，能为京东平台的商家提供精准的店铺运营分析，对京东店铺提升运营效率具有非常好的作用。在转化率提升方面，我们更关注的是与流量和销售相关的数据分析。

转化率实现的一些数据基础

京东商智首页有六大板块的数据内容，分别是：实时指标、核心指标、流量分析、商品分析、交易分析、行业分析。其实，这几大指标与分析是相互影响的，因为所有的指标与分析都是基于同样的店铺产品而言的，产品本身及在产品上发生的各种行为，是各类数据分析的基础。在这些指标中，与店铺转化率有直接或间接关系的，主要是访客数、浏览量和下单转化率，见表5-4。

表5-4

核心指标	具体内容
访客数	店铺各页面的访问人数。00:00~24:00内，同一访客多次访问只被计算一次

（续表）

核心指标	具体内容
浏览量	店铺各页面被用户访问的次数。用户多次打开或刷新同一个页面，浏览量累加
下单转化率	下单客户数与访客数的比值

访客数、浏览量实际上也是流量分析中的重要数据，店铺的访客数越多、浏览量越大，那么店铺当中拥有的流量也就越多。而流量的来源，又与店铺产品的关键词是密切相关的，同时也离不开京东快车下各种付费引流工具的配合。

实时洞察，及时掌握店铺的运营状况

在京东商智，实时数据洞察主要关注的是这几个方面：实时概况、实时看板、实时榜单、实时来源、实时访客、实时单品监控。这些方面主要反映的是店铺的实时数据，例如，店铺实时流量、销量的查询，异常情况的判断，非常方便商家掌握店铺的实时运营情况，见表 5-5。

表 5-5

实时洞察模块	具体功能	数据应用
实时概况	展示店铺整体销量、流量数据，以及当日趋势、店铺热销品TOP5和人气商品TOP5的数据	日常运营：通过对日常数据的了解，发现明显升高或降低的数据，结合其他板块分析问题所在。 活动及促销：通过查看实时数据，了解活动或促销的效果，为实时的策略调整做好准备

（续表）

实时洞察模块	具体功能	数据应用
实时看板	将店铺的实时数据状况、下单金额趋势、实时销售榜单以可视化大屏显示出来	在类似"618"这样的促销活动期间，通过查看实时下单金额曲线、访客实时增长数据的显示，来预测目标的达成比例
实时榜单	包含店铺各个渠道下的实时销售明细数据，查看按行业类目筛选分为行业类目展示和按店铺分类销售前1000名的商品实时信息	日常运营：日常销售订单突增或突减时，可以在实时数据中发现哪些商品的销售出现了波动，进而了解商品的流量、价格、库存等情况的变化。 大促销期间：通过实时关注店铺的销售榜单预测商品的销量，为计划补充提供必要的依据
实时来源	对店铺各个渠道的实时流量来源和区域流量情况进行展示，方便商家对流量进行实时监控	活动推广效果分析：实时查看各类活动给店铺带来的流量变化，在活动效果欠佳时进行优化调整。 异常流量监控：店铺遭受恶意流量侵扰，或店铺忽略某些流量时，通过实时流量来调整店铺运营策略。 区域营销效果查看：在区域销售期间，可以实时查看、了解各个区域的流量效果
实时访客	对入店用户的实时流量路径进行查看，了解不同来源或不同到达页下的访客浏览记录，根据访客习惯指导店铺运营	恶意订单或恶意流量：当有大额订单时，可以通过用户名称进行搜索查看其浏览轨迹、访问轨迹，从而及时调整商品和订单，避免损失。 流量分析：可以下载每日最原始的流量数据，分析实时关键词、实时来源以及商品被访问的基础数据

（续表）

实时洞察模块	具体功能	数据应用
实时单品监控	通过监控爆款或测款的实时数据，直观观察单品的销量、流量数据	测款：通过访客数查看流量情况，通过下单金额查看销售情况，通过加购人数和关注人数查看商品热度，通过流量变化来看不同流量推广效果，通过热词查看商品自然流量能力。 爆款监控：对店铺的实力引流爆款，单品监控可以实时记录这些商品的数据，并对波动和异常数据及时设置调整，查看是否出现降权、缺货、价格错误等情况

在京东"商家学习中心"（https://xue.jd.com/），有免费的数据工具学习资源提供，商家可以进入平台进行相应的学习，然后再做各种数据分析工作，这样才能达到事半功倍的效果。

京东商智平台作为店铺的数据服务平台，汇集着精准的数据信息。虽然对所有数据进行分析是一个比较大的工程，但是京东商智是一个非常智能的数据平台，只要商家对平台中各个模块的功能都熟悉并掌握，能根据店铺的性质有选择性地对数据进行分析，对店铺的转化率提升会有很好的帮助。

小攻略 >>>

用户会员管理，老客户再次拉升转化率

很多的商业活动中，维持老用户的成本一般都低于开发新用户的成本。通常情况下，在电商行业中，开发一个新用户的成本几乎是维持一个老用户成本的3~10倍。可以看出，电商行业在用户开发方面，要做好老用户的维持工作，这不仅对提高产品的转化率具有很好的作用，同时还对节约经营成本非常有利。而要做好老用户的维持工作，用户的会员管理是一条实用的途径。

在京东平台上，店铺要做用户的会员管理，需要先对会员及会员体系有

一定的认识，然后再根据会员体系进行用户的会员关系建立和营销管理，让普通用户能够成为店铺的老用户和忠实用户。

1. 会员及会员体系的认识

要将用户提升为店铺的会员，商家需要先明确用户的基础资料，这些资料包括用户的 ID、账号、性别、年龄、职业等，以及商家赋予用户的等级、积分、会员级别、购物喜好等，这些基础资料是对用户面貌的描画。在了解用户基础资料的基础上，就可以得出用户信息。用户信息会以交易数据（订单信息、购买日期、网购商品、网购来源、接待客服、商品评价）的形式体现出来。这样，在了解用户的这些信息和数据的基础上，商家就可以针对不同的用户而建立与之相适应的会员等级体系。

会员体系包括三方面的内容。

（1）会员等级体系。作为一种用户的运营模式，用来区分核心用户和普通用户。虽然会员等级体系对会员的区分不同，但是设立会员体系的目的是相同的，即引导用户在一定的时限内持续消费。商家在设定会员等级体系时，要根据店铺自身以及产品的特点进行会员成长期限管理。例如，一些销售生活用品的电商，会员的客单价较低，但是会员的购买频次较高，这样就能够通过薄利多销实现产品转化的同时增加店铺收益，类似这样的店铺可能会将会员的成长期限设置为 3~5 个月，而经营电子产品的店铺的会员的成长期限较长。

（2）会员权益体系。指会员的等级越高，会员享受的特权就越多。京享值体系是京东的会员体系，其根据京东商城和京东金融的账户信息、消费金额、活跃互动、小白信用及信誉等，对用户得出一个综合分值。所以用户就可以根据京享值的得分高低来享受不同分值阶段的差异化专享权益（运费单免、生日特权、上门换新、闪电退款、京享礼包、贵宾专线、运费双免）。

此外，京东还有 PLUS 会员体系，也就是付费会员体系，这样的会员可以享受到的特权有：购物回馈、自营运费补贴、畅读电子书、退换无忧、专属客服。

（3）会员个性化标签体系。通过用户分析和画像，对用户偏好进行个性化定位的会员体系，针对用户的个性化需求进行个性化推荐，能够很好地提升产品的转化率。例如，三只松鼠对用户的"主人"称谓，就是一种会员个性化标签体系的形式，这种形式能够拉近用户与商家和品牌之间的距离，给用户制造归属感。所以在会员个性化体系运作中，要找到能够与品牌和用户或粉丝调性一致的传播印记和内容，将其融入用户的消费行为当中，以此来提升营销效果。

2. 会员关系建立

商家与用户之间的会员关系建立，是借助交易前的服务接待、交易过程中的价值传递、交易后的售后服务跟进等来建立和维系的。

（1）交易前的服务接待。客服人员要以会员服务意识，以用户为中心，全面了解用户的会员资料和用户数据，学会分析用户，力求给用户推荐最适合的产品。

（2）交易过程中的价值传递。商家在交易过程中提供给用户的服务主要是订单流程的跟踪，其服务有：订单催付→付款与关怀→发货提醒→到达提醒→签收提醒→退款提醒→交易成功提醒→好评关怀→中差评关怀。通过这种精细化的订单服务，给用户制造更加顺畅的订单服务体验。

（3）交易后的售后服务跟进。建立专业化的售后服务团队，由售后服务团队来对售后负责，反馈和改善服务的薄弱环节。售后服务不仅对完善用户体验具有重要的作用，对商家的可持续发展也具有重要的作用。

3. 会员营销管理

会员营销的出发点是品牌营销，也就是在会员用户心中为品牌树立形象，让会员对品牌保持极大的忠诚度。为实现品牌营销，商家一般会直接以品牌为出发点进行品牌营销。当然，还有关联产品营销、情感营销、话题营销、联合营销、专属营销，这些营销方式对提升品牌形象及会员用户的体验有很好的帮助。

第六章
视频通道，在快手平台激活转化率

在自媒体盛行的当下，快手低调的姿态吸引了诸多的潜在用户。特别是快手贴近生活的风格，以及简单的操作手法，更是让其成为短视频营销领域的一匹黑马。快手于2011年发布，但在最开始的阶段并没有做过多的推广，不过随着移动网络、无线局域网的普及，快手获得了前所未有的发展劲头。如今，快手已经成为短视频领域的一个重要角色，汇集在快手平台上的广大用户，成了线上网络营销的重要粉丝。可以说，快手平台除了是人们生活内容的分享通道之外，更是一个营销内容的传播和转化通路，而且追求高转化成为快手平台营销号的关注焦点。

优质视频才能获取更高的点击率

通过快手平台做营销，实际上就是短视频营销。短视频营销的关键是视频，视频的优劣决定着会有多少粉丝来关注你的营销产品，所以快手营销的关键是优质视频的打造。有了优质的视频，产品内容才能以更好的姿态呈现给粉丝，而且在优质视频的烘托下，粉丝的点击率自然会提升，那样视频营销所承载的内容将会获得更多的转化机会。

给视频加料，让内容更立体

快手平台的每一位短视频营销者，一般都会具备一定的视频拍摄技巧和视频剪辑技术，所以这些基本功对他们来说不是难事。但是为了让我们拍摄的视频更加出色、更加立体，更能打动粉丝，我们还需要在后期为视频加一些有营养的养料，对视频进行更深一步的美化。这主要表现在以下几个方面。

1. 搭配合适的文案，让视频更容易走进粉丝的内心

任何一个视频，如果搭配上合适的文案，文案的感染力就会将视频的内容进一步地放大，这样粉丝会更容易感知到视频所要表达的真实情感，视频也会更容易走进粉丝的内心，抓住粉丝的需求。所以，借助快手视频做营销，有效的文案搭配是关键。以下这几种文案搭配技巧，见表6-1，可以更进一步丰富视频的内容。

表 6-1

文案类别	搭配技巧
直述型文案	对视频的直接叙述，能制造认真、稳重的形象，只有内容新颖、质量上乘的视频才适合这种文案
诱导型文案	以激发人们的猎奇心理为主，让人们不由自主地观看视频，提升视频点击率
总结型文案	有比较强的吸引力，更适合搭配在干货类视频中，能消除粉丝在使用时的疑虑
提问型文案	抛出问题让粉丝解答，以此增加粉丝观看视频的积极性
表达型文案	将重要的想法和观点用话题的形式直接展示出来，吸引粉丝对话题产生兴趣，从而提升视频的点击率
对话型文案	通过对话的方式拉近人与人之间的距离，具有真诚、接地气的优势，这适合具有一定影响力的快手号

2. 添加契合的背景音乐，给视频加更多的分

音乐是贯穿视频始末的元素，同样能美化视频。快手平台的音乐库中有海量的音乐，这些音乐一般可以分为两类：节奏型背景音乐、抒情型背景音乐，见表 6-2。

表 6-2

音乐类别	作用
节奏型背景音乐	节奏感非常强，鼓点较为明显，人很容易被这样的节奏带动起来，因此这类音乐比较适合舞蹈类视频、运动类视频、技术类视频。而且视频如果能够随着背景音乐的节奏进行切换的话，视频的水准就会更高

（续表）

音乐类别	作用
抒情型背景音乐	歌词与旋律都比较婉转，会让人在一种温和的环境下被逐渐吸引。在拍摄抒情型背景音乐的视频时，要提前对所有的情节进行设计，加入适当的特写，从而保证视频拍摄的顺利进行，增加视频的可看性

除了选择快手平台的背景音乐之外，视频营销创作者还可以自己创作原声，通过打造真正的差异来获得竞争的机会。在拍摄原声视频时，可以将原先录好的原声加到视频中。当然，为了视频的效果更好，也可以选取一些契合的纯音乐来对所要表达的气氛进行烘托和强化。

3. 给视频加上自己的标签，让视频更有特色

视频的标签属于视频的分发机制范畴。当视频发布到快手平台上之后，系统会基于视频的标签和人们的兴趣来对视频进行分发。视频的标签设置得越合理，视频越会被更加精准地分发给对此标签感兴趣的粉丝，这能很好地帮助视频上热门。

为视频添加标签是一项简单的操作，只需要在发布视频时，在对视频加以说明的地方输入我们想要表达的标签即可。但是需要注意的是，标签内容必须要在两个"#"之间输入，见图6-1。

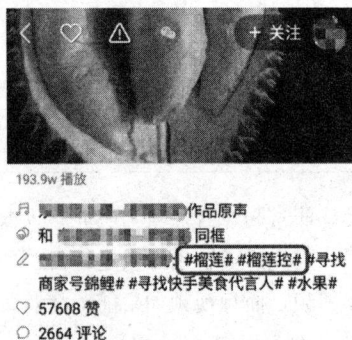

图 6-1

稳定的视频风格与更新频率更能培养粉丝

1. 稳定的视频风格

视频风格保持稳定是打造专属内容生态圈，给人们制造足够安全感的重要举措。每一个快手号都有自己的特色，那么每一个有特色的快手号在内容打造方面，也要有自己的稳定风格。

快手号输出的视频，一般都会有一定的调性。例如，有人会走搞笑风格调性，这就需要视频内容保持一定的喜剧成分，不需要太煽情；如果视频走高冷风格调性，那视频内容就要杜绝搞笑成分。保持视频风格一致可能会在一定程度上让粉丝产生审美疲劳，但是只要快手号能在视频的内容上多加创新和打磨，同样能够让快手营销号经久不衰，保持一贯的热度。

2. 稳定的更新频率

快手视频的更新频率是明确视频发展方向和吸粉的一个重要举措。我们知道，当快手视频保持稳定的更新频率时，我们可以通过积累的数据资源对视频进行分析，为视频后续改进提供可靠的基础数据。同样，当快手视频保持稳定的更新频率时，快手末端的粉丝会更加活跃，更容易积累粉丝。

所以，快手视频要尽可能根据素材制作的难易程度、所推内容的性质等，保持定期的更新频率。这种定期更新的机制，一般有以下一些作用，见图6-2。

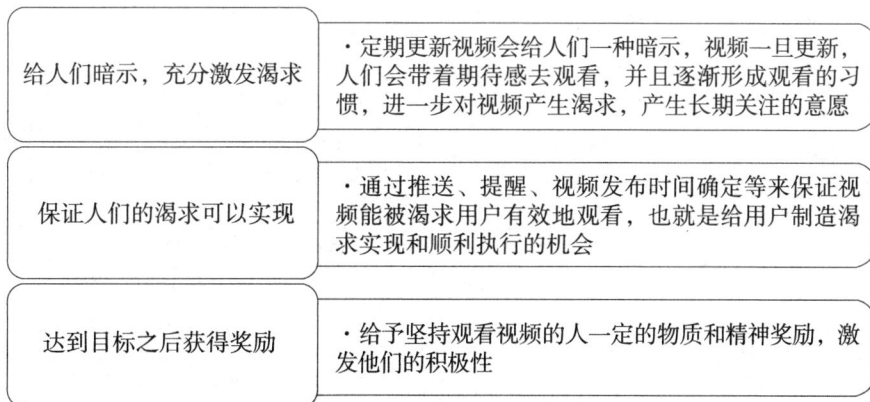

给人们暗示，充分激发渴求	·定期更新视频会给人们一种暗示，视频一旦更新，人们会带着期待感去观看，并且逐渐形成观看的习惯，进一步对视频产生渴求，产生长期关注的意愿
保证人们的渴求可以实现	·通过推送、提醒、视频发布时间确定等来保证视频能被渴求用户有效地观看，也就是给用户制造渴求实现和顺利执行的机会
达到目标之后获得奖励	·给予坚持观看视频的人一定的物质和精神奖励，激发他们的积极性

图6-2

其实，为了让快手号的视频可以被粉丝及时有效地观看，视频的发布时间是非常重要的。例如，在快手平台上，年轻用户几乎占据了一半之多，而年轻用户一般都是朝九晚五的工作状态，所以快手视频的发布要根据自己的定向群体选择好发布时间。

维系与粉丝的关系，为内容转化锁定粉丝

借助快手号做内容营销，强大的粉丝基础是关键，但要做好内容的有效转化，粉丝维系是关键。维系粉丝与快手号之间的关系，一般会从以下层面出发。

直击心灵的内容，更能引发粉丝共鸣

能被大众接受的快手号，一般都有一个明显的特点，那就是视频内容能够直击粉丝的心灵，让粉丝带着共鸣感参与到内容的观看体验当中。而能直击粉丝心灵的内容，一般都有这样的特点：接地气。所谓接地气，就是充分展示最普通的生活，营造强烈的代入感，让人们能够通过视频联想到自己的处境、需求。为了创造这样接地气的内容，快手号可以从以下两方面做出改变。

1. 抓住粉丝的需求

普通生活涵盖生活的方方面面，要在一个短视频中将这些接地气的东西都表达出来，那就必须从生活中选取最具代表性的部分，然后结合适宜的观点，根据粉丝的需求和心声通过视频加以表现。

2. 结合时下的热点话题

时下的热点话题具有很强的时效性。对于一些会在规定时间点发生的热点事件，快手号要用充足的精力进行准备；对于一些突然发生的热点事件，快手号也要积极地应对。所以当视频内容与热点话题相结合时，会有非常好

的传播效果，会吸引更多的粉丝关注快手号。

用福利给粉丝更多的实惠

发放福利除了能够吸引粉丝，给粉丝带去实惠之外，还能给忠实粉丝带去更高的附加值。

给粉丝发放福利是吸引粉丝的一个重要手段，而且这种通过福利吸引粉丝的成本较低，是涨粉的一种重要举措。针对快手这种视频平台，我们可以选择点赞送福利和转发送福利的形式来进行粉丝福利发放。

1. 点赞送福利

点赞送福利，也就是抽取评论中点赞数量最高的几位粉丝发放福利。这种方式比较适合直接针对某一类产品做视频营销的快手号，可以直接将视频中呈现的产品作为福利送给粉丝。

2. 转发送福利

转发送福利就是用福利刺激粉丝转发你的视频，让更多的人可以看到你的视频内容，使他们成为你的潜在粉丝。当然，这种转发形式在增加视频曝光量的同时，还能为视频塑造较好的口碑。

对于快手号来说，忠实粉丝有很高的价值，而福利的发放，会将更高的附加值带给这些忠实粉丝，给他们带去足够的专属感，让他们产生更强烈的归属感。这种心理层面的高附加值，对维护忠实粉丝具有很好的作用。

与粉丝保持高效的互动

与粉丝互动主要表现在回复粉丝的私信和制造可以让粉丝参与的话题上。

1. 回复粉丝的私信

回复粉丝的私信，能让粉丝希望被关注的心理和自尊心快速得到满足。快手号要尽可能地回复粉丝的私信，这样对保证粉丝忠诚度和粉丝黏性具有很好的作用。此外，回复粉丝的私信要尽可能及时，每一位粉丝在发送私信时都抱有非常高的期待值，若能够及时回复粉丝的私信，就能让粉丝的高期待值快速实现满足。当然，私信过多时，一一回复的效率就会很低，这时快手号运营者可以选择重点问题进行回复解答，也可以针对粉丝的私信直接对相关内容的进行视频回复。

2. 制造粉丝可以参与的话题

制造粉丝可以参与的话题，能有效拉近快手号运营者与粉丝之间的距离，还可以有效拉近粉丝与粉丝之间的距离。对于有效的话题，粉丝一般还会保持很高的后续关注度。以下这几种方法就能帮快手号运营者制造粉丝可以参与的有效话题，见图6-3。

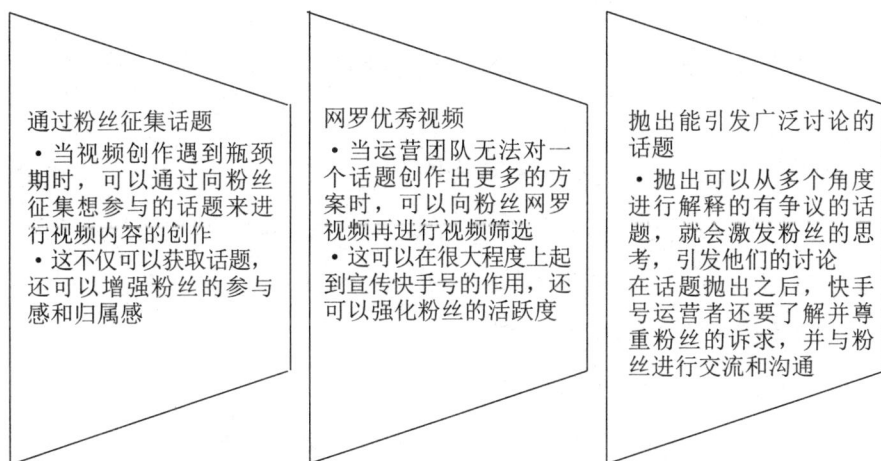

通过粉丝征集话题
· 当视频创作遇到瓶颈期时，可以通过向粉丝征集想参与的话题来进行视频内容的创作
· 这不仅可以获取话题，还可以增强粉丝的参与感和归属感

网罗优秀视频
· 当运营团队无法对一个话题创作出更多的方案时，可以向粉丝网罗视频再进行视频筛选
· 这可以在很大程度上起到宣传快手号的作用，还可以强化粉丝的活跃度

抛出能引发广泛讨论的话题
· 抛出可以从多个角度进行解释的有争议的话题，就会激发粉丝的思考，引发他们的讨论
在话题抛出之后，快手号运营者还要了解并尊重粉丝的诉求，并与粉丝进行交流和沟通

图6-3

快手号运营者与粉丝的高效互动，对与粉丝之间建立良好的信任关系具有很好的作用。基于视频内容，再附加一定的互动，对粉丝来说，会使快手号的形象会在他们心中更加清晰，他们对快手号的信任会被强化。

多平台推广，让内容走出去

快手号的视频要想走出去，要想通过视频将自己的营销内容带出去，光有快手平台的粉丝还不够，多渠道、多平台探索潜在的粉丝，寻求营销内容的转化是快手号进行推广的必要选择。而音乐平台、视频平台、社交平台、社会化媒体平台等，都是快手号营销推广的选择。

在音乐与视频平台上做快手号推广

视频平台与视频平台之间的共性是我们普遍认同的。同样，音乐平台与视频平台之间也有非常契合的共性。例如，音乐平台上的很多热门歌曲，大部分都是快手平台视频的背景音乐。

1. 在音乐平台上推广快手号

在音乐平台上推广快手号，会有不错的推广效果。那么，如何在音乐平台上实施具体的快手号推广呢？一般有以下两种方式。

（1）把自己的快手号展示在音乐的评论区。可以这样写评论：我也很喜欢这首歌，而且还为这首歌制作了视频，如果各位感兴趣，请移步到我的快手号××××××。

（2）在音乐平台上建立自己的账号，将快手号上的视频内容及信息发布到音乐平台上，这样有利于吸引志趣相投的粉丝加入。

在音乐平台上做快手号的推广时，无论是评论区的展示还是在账号上发布信息，都需要保持一定的频率，最好是形成固定的周期，这样才不会让已经形成的粉丝和流量流失掉。

2. 在视频平台上推广快手号

在视频平台上做快手号推广，也是快手号推广的重要方法。视频平台的相似度较高，推广的过程操作也会比较相近，这会让推广的难度变小。例如，优酷、爱奇艺、腾讯、抖音、微视、火山视频、西瓜视频等，都是视频平台推广的关键通道。具体做法是：到这些视频平台上的热门视频下面去评论，将快手号带入评论当中，甚至可以在视频弹幕中写入快手号，这样就可以让更多喜欢这些热门视频的人知道我们的快手号，进而成为我们的粉丝。

坚持在视频平台上的热门视频中评论和发布弹幕，可以让快手号得到快速的传播，能将更多潜在的粉丝进行转化。

使用社会化媒体做快手号推广

社会化媒体是指一种给予人们极大参与空间的新型在线媒体，植根于人们之间的交流、分享以及传播。社会化媒体的出现，改变了人们以往的娱乐方式，增强了用户在营销过程中所起的自发性作用。

借助社会化媒体做推广的核心是互动与转发，其主要依托于微博、微信等综合性平台。借助这些综合性的社会化平台，快手号视频的传播会更加高速，同时视频的播放量会显著提高，视频所呈现的各种内容，尤其是营销内容，将会有一个更好的转化率。

例如，潜藏着巨大流量的微信朋友圈，当我们把快手号的视频转发到朋友圈之后，不仅可以获得微信好友的关注，而且在微信好友对视频内容产生认同的情况下，他们也会对视频做进一步的转发分享，从而会让视频内容及快手号出现裂变式传播。

在使用类似微信这样的社交平台转发分享快手视频内容时，我们还需要了解这些社交平台的一些机制。例如，我们熟悉的微信朋友圈，正常展示情况只有 6 行，大约 120 个字，超过这个限度的文字都会被折叠起来。此外，内容太长时，也会影响美观，弱化人们的点击率。所以为了让快手号可以准确、美观地展示在朋友圈，我们要学会提炼关键词，力求将长内容简化成短内容，利用关键词对快手号的视频内容进行表达，精准提升视频在社交平台上的传播能力。

做社会化媒体推广，除了与微信建立联系之外，还可以与微博建立联系。例如，有些做穿搭、美妆、美食等视频的快手号，他们除了有自己的快手号之外，还会有自己的微博号。当在快手号发布内容时，也可以在微博号同步更新与快手号相关的内容。

可见，社会化媒体推广是一种媒体相互联合的推广行为，甚至是联合的产品营销，它能将社会中的潜在用户通过网络般的布局吸引到快手号跟前，为快手号的营销产品转化提供庞大的用户支撑。

数据对推广活动的有效把控

快手号的推广活动完成之后，还需要依靠数据（投入成本、粉丝渗透率、再传播能力）对推广的结果进行把控。所谓推广结果把控，就是通过数据进行检查和分析，来对快手号的投入成本、粉丝渗透程度、再传播能力强弱做出判断，见图6-4，看看快手号的商业能力处在一个什么样的水平，还

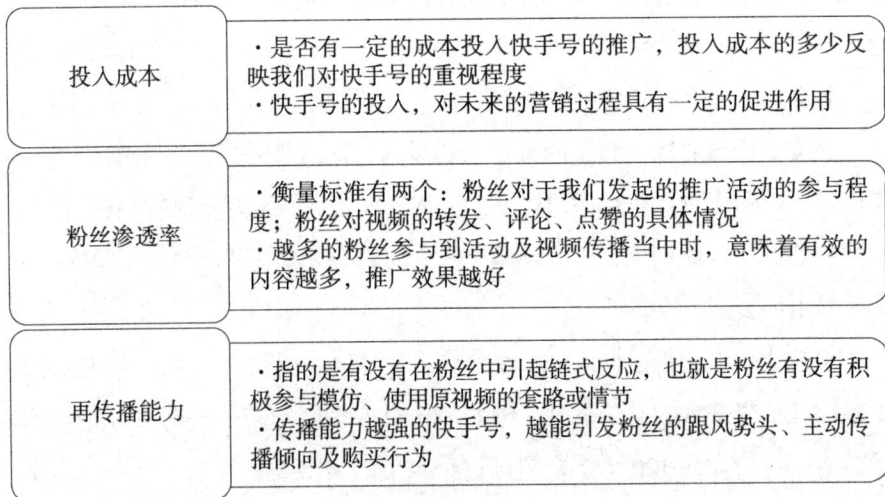

投入成本	·是否有一定的成本投入快手号的推广，投入成本的多少反映我们对快手号的重视程度 ·快手号的投入，对未来的营销过程具有一定的促进作用
粉丝渗透率	·衡量标准有两个：粉丝对于我们发起的推广活动的参与程度；粉丝对视频的转发、评论、点赞的具体情况 ·越多的粉丝参与到活动及视频传播当中时，意味着有效的内容越多，推广效果越好
再传播能力	·指的是有没有在粉丝中引起链式反应，也就是粉丝有没有积极参与模仿、使用原视频的套路或情节 ·传播能力越强的快手号，越能引发粉丝的跟风势头、主动传播倾向及购买行为

图6-4

需要采取什么样的措施。

对快手号的推广情况进行检查、把控，能对快手号的发展方向做出更好的判断和反馈，有利于快手号及时对推广活动进行调整。

多场景引流，有效经营粉丝

引流是快手营销当中的一个重要环节，该环节可以为快手号引来更多的流量与粉丝，能将转化变现的难度有效降低。要对快手号引流，首先要做一定的思考：目标群体如何获取快手号信息并完成视频内容观看？人们在关注快手号之后，是通过怎样的方式来保持良好互动的？如何激励老粉丝传播快手号，以便让更多的粉丝完成视频的观看？带着这些问题，我们来看下快手号需要通过怎样的方式来引流。

有效的线下引流场景

快手号除了可以借助线上平台进行推广之外，还可以借助线下场景进行引流。无论是推广，还是引流，其最终目的只有一个，那就是将更多的粉丝吸引到快手号下，为快手号营销内容的转化储备充足的粉丝。

就线下引流而言，其主要有以下三大场景，见图6-5。

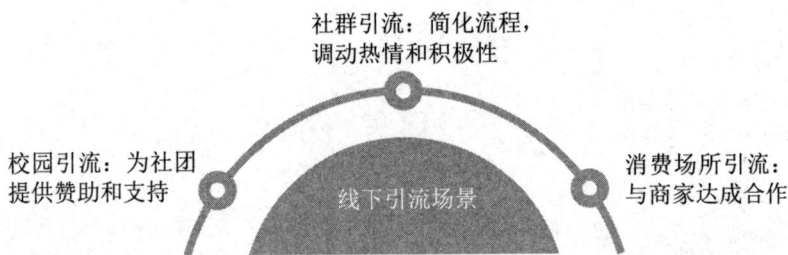

图6-5

1．校园引流

校园引流，就是与学校的社团之间建立联系，通过为社团提供赞助支持的方式来为快手号引流。这种与校园年轻群体建立联系的引流方式，能更好地增加他们对快手号的认同和关注，同时也避免了直接进入校园引流所产生的一系列矛盾，能让快手号在校园群体中的好感得到强化。在快手号运营者与校园群体建立联系之后，快手号运营者就可以根据视频的特点，邀请相关的校园年轻人来参与拍摄；同时，将校园团体的学生领导发展成为自己的引流员，这些人脉广阔的引流员会给快手号带来很好的引流效果。

2．社区引流

社区引流，就是通过对社区人员构成了解的基础上，选择一个人员构成与视频目标群重合度较高的社群来进行引流。在社区引流时，我们要尽可能地简化操作，让社区人员通过关注快手号来给视频内容引流。为了尽快地调动社区成员的积极性和活跃度，可以准备一些礼物奖励给关注快手号的粉丝。当然，在关注之后，还可以采用抽奖等方式来激活用户的活跃度与积极性。

3．消费场所引流

为了避免在消费场所占用过多的时间引流引发人们的不满，我们可以直接与消费场所的商家达成密切的合作，让其利用消费者等待的时间向消费者推荐我们的快手号。当然，与商家之间建立合作，还需要与商家之间建立一种互惠互利的关系。比如，我们除了向商家付费之外，还可以通过制作视频帮助商家进行宣传推广。

在这些线下引流场景中，无论是哪种引流方式，都必须注重后期的持续关注，这样才能对营销效果做出有效的判定，以便随时强化引流或撤出某一引流场景。

有效的粉丝经营技巧

我们通过各种引流场景将粉丝引入自己的快手号之后，还需要对粉丝进行有效的经营管理，让粉丝与粉丝之间建立和谐的关系，让粉丝与快手号之间保持紧密的联系，这主要通过以下两个途径来实现。

1. 注入活性剂让粉丝活跃起来

快手号可能聚集着几万、几十万的粉丝，但是视频的点击量却迟迟上不去，一直处在较低的水平，那说明粉丝的活跃度不够高，不能带动视频内容的传播转化。那么，为什么粉丝的活跃度不够高呢？事实上，粉丝活跃度低迷主要是因为以下这些原因，见图6-6。

视频内容只强调心智的开启，忽视了调性的传达，与目标群体不匹配

快手号缺乏足够的人格化，没有引导粉丝互动的习惯

对于粉丝的互动行为，快手号没有及时做出反应

视频中广告植入得过于明显，同时广告没有带给粉丝想要的利益点

图6-6

在了解了粉丝为什么这么低迷的原因之后，我们也就明白了如何来提高粉丝的活跃度，也就是让相互疏离的粉丝找到同类，同类聚焦到一起时，才会有更多的话题点，才会有更多的连接关系。这主要通过以下方法来实现。

（1）实现快手号的人格化，给粉丝制造强烈的亲近感。

（2）引导粉丝互动，增加粉丝与粉丝之间的交流互动。

（3）对粉丝的互动行为做出及时的反应。

（4）给快手号投入适当的爆点，能给粉丝带去惊喜。

2. 专心经营粉丝群

在粉丝活跃起来之后，使用粉丝群来做粉丝经营管理是一个比较好

的方式。这也就是说，要把快手号的粉丝尽可能放在社群中（QQ群、微信群、微博群等），在社群中对粉丝进行管理，然后通过各种激励、福利策略，可以让粉丝的热情保持在一个最好的状态，这样一个好的粉丝状态对视频营销内容的转化具有很好的促进作用。

用营销力量帮助转化率增长

在快手号做产品，产品选择至关重要。一般来说，日常消耗品是很多快手号都会选择的营销产品，这主要是因为日常消耗品的使用频率和人们重复购买的频率较高。并且在对这些产品的卖点进行放大之后，会有很好的吸引力来吸引粉丝下单购买。当然，为了让快手号上这些营销产品的转化率得到提升，还需要借助一定的营销力量来实现。

抓住产品的特性并展示出来

每一件产品都有其特性，而我们将其移动到快手频道做营销时，更应该将其明显的特性表现出来，这样才会让产品更加具有差异化，更能吸引用户。例如，快手上经常出现的一些"神器"（自动升降的火锅神器等），其大多本身是普通的日常用品，但是经过了一定的改良之后，具有了鲜明的特性，于是成了神器。再加上人们非常乐于关注这些自带新奇和趣味的事物，于是，借助视频的传播能力，该产品被更多人发现，潜在的需求带动产品的下单量激增。

所以，当产品本身具有鲜明的特性时，产品就能对用户产生很好的吸引力，并且通过视频将产品的鲜明特性进一步地放大时，会更加有利于产品转化率的提升。此外，为了更好地展示产品的鲜明特性，我们可以通过新旧对比、相似对比等途径，将新产品的优势更好地放大，能让用户对新旧差异一目了然，增加对新产品的好感。

其实，产品的明显特性就是产品的优势，而用户对产品的优势的关注是其产生下单行为的推力，所以，当产品具有鲜明的特性时，要将这一优势用夸张的方式展现出来——制造噱头、与热门话题结合等，引发人们的关注，加强用户对产品的记忆，增加产品二次甚至多次转化的机会。

找准品牌的爆点

对于某一品牌的产品来说，其能否被广大的用户接受，以及能否利用品牌的影响力来完成转化，与品牌所具有的爆点有重要关系。所以，为了让品牌产品凭借快手号实现高效转化，我们必须将品牌的爆点表现出来，这样更有利于为品牌造势，让产品凭借品牌的力量走进用户，完成转化。

所以，我们要找品牌的爆点。一般来说，品牌的爆点主要有以下 3 个。

1. 兴奋点

兴奋点是指可以让用户感知到兴奋，从而获得满足的品牌爆点。对于任何一个品牌来说，它能够提供好产品，那么好产品就是可以让用户感知到兴奋的点。所以，快手号在选择品牌产品方面要多加关注品牌产品的优劣，只有将最优秀的产品展示在视频中时，才能更加有效地激发用户的购买兴奋点。

2. 社交点

社交点是指品牌所具备的社交基因。所谓社交基因，实际上就是自我展示、个性化。品牌要能带动产品的转化率，具备社交基因是必不可少的。例如，手机拍照功能的改进优化、服装穿搭的创新等，都能让用户实现自我展示的目的。

3. 分享点

分享点是指品牌在满足用户兴奋点和社交点之后的主动分享。通过对品牌的分享，品牌可以被更多的用户关注，品牌的转化自然就会得到提升。

可以看出，品牌的这三个爆点之间，存在一定的逻辑关系，只有当品牌的兴奋点和社交点体现出来之后，爆点才会发挥作用。所以，兴奋点和社交点是品牌分享爆点实现的驱动。

不着痕迹的营销更有力量

产品营销模式多种多样，只有最高级的营销才最有力量：做高级的营销不露一丝痕迹，会给人一种十分真实的感觉。面对不同的营销类型，用户的反应是不一样的，用户能否从心底接受某一件产品，与这件产品触及人们内心需求痛点的方式有重要关系。例如，社交软件的出现，极大地便捷了人们的交流方式，给人们带去了极好的体验，因此，人们对社交软件的需求逐渐转向了必须。

所以，一件产品能触动用户主动下单，与这件产品本身有重要关系。当产品能将最真实、最有效的一面呈现出来时，用户就会发自心底对这件产品产生信任、渴求。因此，快手号产品转化率的提升，需要借助一定的场景，以一种不着痕迹的方式将产品的使用效果展现给用户，那样用户就会出于自己的真实感受和判断来下单消费。无论是美妆产品、清洁产品，还是其他各种产品，如果能不着痕迹地将使用效果对用户进行展现，那么用户就能在潜移默化中被影响，从而与产品建立紧密的关系，进而为产品转化提供更多的可能。

小攻略 >>>

多方挖掘粉丝，探寻视频营销的潜在粉丝

对于快手平台上的营销者来说，吸粉是产品转化的基础，庞大的粉丝基础是产品转化的必要条件。所以，掌握快手平台的吸粉技巧，才能助力产品转化。

1. 视频越是能上热门，越是能吸粉

快手号的每一位视频发布者都希望自己的视频可以在平台上成为热门，可以被更多的用户知道，可以吸引更多的粉丝关注。而要让视频上热门，就需要视频得到的"双击"更多，这样越是被更多的人喜欢的视频，越容易迈入热门的行列，从而通过更多快手用户的关注来获取更多粉丝。所以，快手

号在产品视频结尾处，尽可能地用话语邀请观看者能"双击666"，这对于视频上热门是一个很好的推进方式。

2. 通过"人设"提升粉丝黏性

快手号除了要为产品转化吸粉之外，还需要对粉丝进行维系，而建立"人设"是粉丝维系、增强粉丝黏性的有效方法。通过"人设"提升粉丝黏性，实际上就是指通过人格化来进行粉丝聚集，并让粉丝长久维系。

"人设"的建立要与众不同、个性鲜明，这样才会有很好的辨识度，更容易被潜在粉丝发现，也更容易让已有粉丝持续关注。

3. 打造IP（知识产权）成就独特性

IP是营销中的一个热点，其含义已经超出了原本的含义，如今被更多的解释为"具有知名度、具备市场价值的东西"。当快手号借助已有的IP来丰富自己的视频内容时，会有很好的吸粉效果。当然，快手号最好可以打造自己的专属IP，这样会避免很多版权方面的问题，让自己的内容不可替代。但是，快手号独立打造IP需要较长的时间检验，涨粉的效率可能不会很理想。但是，如果能将自己的IP坚持下去，并且能用优质的内容呈现自己的IP，这样终究会通过IP打造出自己的特色领域。

例如，在星座文化方面独具IP特色的"同道大叔"，通过将十二星座形象化，使得星座IP更加具象，更加融入人们的生活。同时，"同道大叔"还探索出版、影视等领域，将自己IP的影响力进一步提升的同时，跨平台进行IP传播和渗透。

4. 个性化语言加强粉丝的记忆力

个性化语言也是快手号涨粉过程中的一个应用。当快手号将个性化的语言添加到视频中时，能很好地增加视频的趣味性和辨识度。例如，我们熟知的papi酱，"一个集才华与美貌于一身的女子"这句话，几乎在其每一个视频中都会出现，而且有些通过变声处理，让视频语言整体变得活泼俏皮，反而更容易被粉丝接受。还有"大胃王密子君"，她经常使用"糯叽叽"来形容自己所吃的食物，能制造出非常形象的味觉体验。

5. 在评论区挖掘潜在粉丝

快手号除了要与已有的粉丝保持好关系之外，还需要将潜在的粉丝挖掘出来。挖掘潜在粉丝的有效方法是在评论区安插粉丝，也就是让粉丝通过发布一些带有引导性的话语来吸引潜在粉丝。这种评论区安插粉丝吸引潜在粉丝的做法主要有以下这些。

（1）创建诙谐有趣的句式。在快手的评论中经常会出现一些诙谐有趣的句式，例如："别人家的×××从来没让我失望过""你的×××很听话，我的×××却有自己的想法"等，是一些非常有吸引力的句式，带有风趣幽默感，很容易引起潜在粉丝的共鸣，他们倾向于通过这种句式来表达自己的观点。于是，潜在粉丝会在这种诙谐句式的带动下逐渐向快手号靠近，逐渐成为快手号的粉丝。

（2）树洞告白。就是在评论区引导大家将自己平时不敢表达的话表达出来，这样就能够收集到大量的真心话，然后将潜在粉丝筛选出来。

（3）大开脑洞引发关注。评论区聚集着大量的脑洞奇特和热爱表演的粉丝，只要有人能做第一个实验，用脑洞来吸引脑洞，就会让视频的评论区一片火热，将潜在粉丝的热情和积极性调动起来。

（4）用粉丝挖掘粉丝。就是通过鼓励已有粉丝对视频进行评论、转发分享来获取更多人的关注，从而增加粉丝的数量。

快手号可以使用很多方法来为自己的营销及产品转化积累粉丝，除了以上这些方法之外，其他的神秘身份设定、与粉丝互动、红人热度蹭粉等，都能让快手号逐渐建立起一支庞大的粉丝队伍。

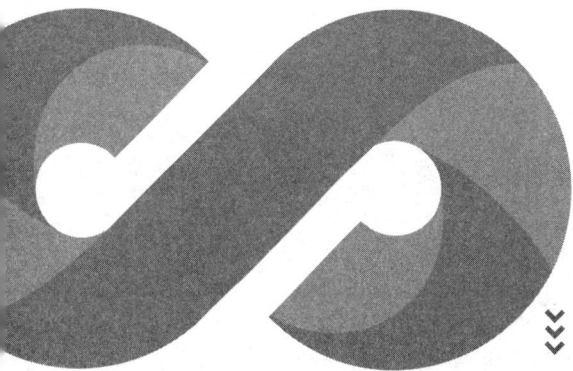

第七章
社交思维，让拼多多实现"拼团"转化

　　拼多多是继淘宝、京东之后兴起的又一电商巨头。拼多多虽然成立时间较短，但是借助低价产品优势与微信社交流量的双重作用，搭载移动电商的快车，让拼多多从成立到壮大，再到在纳斯达克上市，仅仅花了3年的时间，这是目前其他电商企业未曾经历过的。此外，拼多多平台尽可能降低用户的交易成本，以满足用户的基本需求为前提来展开营销，借助社交思维的助力，通过人口红利实现利润增长。

社交+电商，差异化经营模式带动转化率

在电商竞争非常激烈的当下，拼多多的崛起是一个非常独特的案例。拼多多能异军突起，在电商市场上站稳脚跟，可谓一个行业奇迹。当然，拼多多能取得目前的经营效果，与其差异化特征是分不开的。这主要表现在：低价打造爆款，深厚的技术与成熟的创业团队给用户带来了较好的平台体验，社交拼单形成订单量的指数增长，以自营为主的免佣金服务吸引了大量商家的入驻，低价产品抓住了用户的心理需求，高额广告投入推动了品牌树立。在这样的差异化经营下，拼多多完美落脚到低价和拼团，将众多的低消费群体吸引到自己的麾下。

拼多多的社交运营模式

拼多多主打的是"社交+电商"营销模式。它通过激励用户分享来让用户获得实惠，从而以更低的订单价格促进产品销售。用户分享得越多，越能获得更多的实惠，这就很好地满足了用户贪便宜的心理诉求，从而让产品走入一个较好的营销渠道。

例如，在拼多多平台的首页，见图7-1，我们就可以看到很多与分享获惠有关的营销模式和营销板块：无门槛券、限时秒杀、现金签到、多多赚大钱、天天领现金、省钱月卡、砍价免费拿、百亿补贴等，都可以让用户购买到更加实惠的产品。

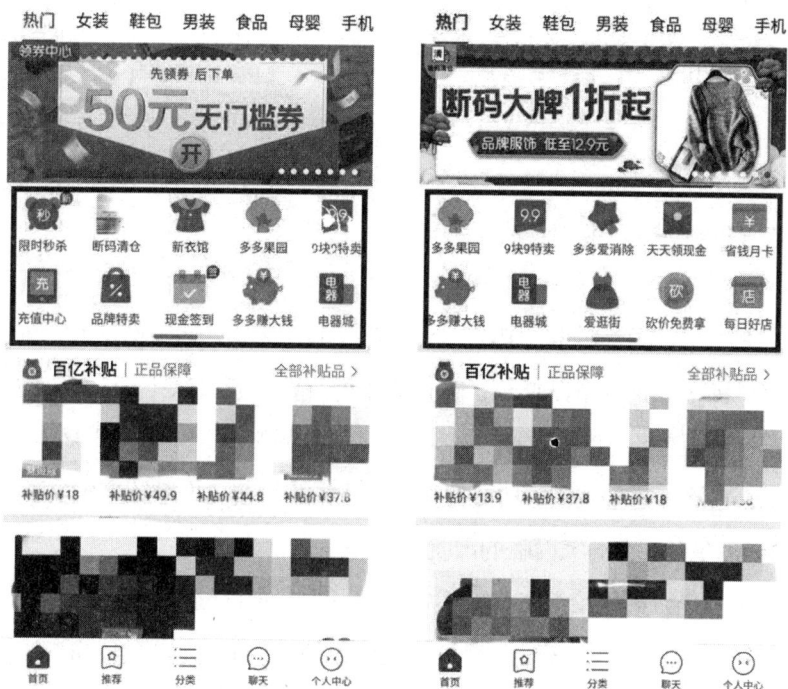

图 7-1

为了让用户拼低价格，拼多多上的这些互动板块（多多赚大钱等），一般都是让用户通过邀请好友助力获取金币或优惠券奖励，从而在下单时让用户可以用更多的金币或优惠券来抵扣价格。所以，在拼多多上，社交与低价是紧密相连的，社交电商的终点就是低价交易。

拼多多的低价交易吸引到了很多低消费层次的用户，也就是价格敏感型用户，通常俩人就可以实现拼团，或者用户在下单后将产品链接分享给好友，好友除了可参与拼单之外，还可以将产品链接再次分享给他人；再加上微信社交渠道的助力，电商与社交完美融合，让产品在满足基本用户需求的同时，还能激发潜在用户的非刚性需求。所以在这样的社交分享循环模式下，拼多多平台的用户数实现了快速增加，以非常低的成本获得了高效的流量，从而让产品订单实现高效转化。

拼多多的"拼"思维解读

拼多多是一个新兴的电商渠道，这为很多愿意从事电商行业的人提供了一个非常及时的机会。在拼多多平台上做电商运营，非常有必要对拼多多平台的运营思维进行了解。

1. 将合适的产品放在这个平台上

拼多多平台因为入驻门槛低、流量多，吸引了各色的店铺入驻。但是我们知道，拼多多是一个以低价、走量为主的平台，所以这个平台更适合一些低价产品（低价更容易吸引用户）。当然，低价产品的货源与品质要有一定的保障，在这样的基础上，还要协调产品成本、物流成本等让店铺实现盈利。

2. 拼多多平台商家面临的困扰

拼多多平台虽然给很多电商卖家提供了一个很好的平台，但是这些电商卖家在经营的过程中，还是会遇到一些问题的。例如，运营差，很多中小店铺的老板集运营、美工、营销推广于一身，无法让店铺走上精细化的经营道路；成本控制较难，很多店铺的定位不够合理准确，导致其经营运作比较混乱，不能顾及上新计划、测款计划、推广计划，无序运营给店铺增加了很多沉没成本；激烈的电商市场竞争使得平台流量较以往有所减少；平台上的商家竞争日趋激烈，消费者的选择机会增多，平台上的活动推广难度逐渐加大，且活动考核机制的成熟与严格，活动套路的不断革新，让很多推广活动的效果也不够理想。

3. 拼多多平台的机会存量

拼多多的日渐成熟，让拼多多的变现也变得更加规范，开始逐渐远离"随便卖什么都能赚钱的阶段"。但是拼多多还处于一个成长阶段，所以与其他电商平台相比，它仍然处于红利阶段。而且不断涌入的社交流量也在激活着这个平台，使拼多多平台的机会存量不处于饱和阶段。

4. 不同层次卖家的赚钱思路

拼多多平台上聚集着各种级别的电商卖家，不管是顶尖级别的卖家，还是中小型卖家，都应该形成与自己级别相适应的营销模式，这样才更有利于这些卖家进行发展。具体来说，顶尖卖家要在团队精细化运营方面进行探索，这样才可以发挥团队人才的优势，为产品增加更多的曝光量和资源，进而让产品转化率得到提升；就中小型卖家而言，要在产品差异化上下功夫，通过打造小精尖的产品来赢得用户的关注，同时为产品增加附加值来吸引用户，利用付费流量来为产品转化提供通路。

独特选款技巧，差异化产品开启转化动力

为了在拼多多平台抓住机会，实现好的产品转化率，电商卖家就得先选择合适的产品放在平台上进行销售。我们把这个选择产品的事项叫作选款，也就是电商卖家只有选择质优价廉的产品出售时，才能获得用户的关注，进而实现销售。所以，拼多多平台的各大店铺在面临转化率这个问题时，先要对自己店铺当中的产品进行研究，看看自家店铺中的产品有什么特色，面对着那些用户，有没有创新与开发的空间……所以产品转化率的提升要先从产品本身着手，只有选择合适的产品放在店铺中，才有机会打造爆款产品。

拼多多平台的产品类目

拼多多平台的电商卖家在对自己店铺中的产品进行审视之前，需要先来了解一下拼多多平台的主营产品主要有哪些类目，这样就可以在了解宏观产品布局的基础上对自家店铺中的产品进行更加合理的布局。

目前来看，拼多多平台的主营产品类目主要有：普通商品、虚拟商品、医药健康。

在对拼多多平台的主营产品类目有一定的了解之后，电商卖家就需要对最具有红利优势的产品进行选择。通常情况下，在商家的产品款类选择过程中，有两个重要的原则可以参考。

1. 寻找时下流行产品

流行代表着流量，这就需要根据行业热点来对市场进行预判。此外，还

可以借助数据工具发现市场的流行属性，从而为商家集聚人气。

2. 打造差异化产品

拼多多平台上的电商卖家不断增多，有限的流量被细分得更加零碎，同质化产品的竞争力会大大降低，所以为了吸引流量，抓住竞争优势，选择差异化产品经营，为其打造个性化的卖点是吸引用户关注和下单的有效途径。此外，产品越是能针对不同的用户群体进行更加细致的分化，就越能打造出更加丰富的差异化来满足用户的需求。

拼多多选款妙招

拼多多平台的电商卖家在了解了店铺商品选择的基本要领之后，还需要明白，只有价格实惠的高性价比产品才容易被用户接受，所以选款时还需注意这些细节：产品的款式及流行趋势要与店铺的风格相一致；产品的颜色、尺码等要全面；产品在保证性价比的同时还要保证盈利空间；要确保产品库存以及时发货；跟随时代动向布局产品，以便宣传推广。

当然，电商卖家要想让产品转化率保持在一个更高的层次，还需要掌握一些爆款的选择技巧。

1. 选择其他电商平台的热销产品

拼多多的电商卖家可以借助其他平台的一些工具寻找到热销产品。例如，淘宝网中链接的"1688"网，就是搜索各类目热销产品的有力工具。

2. 选择拼多多平台首页上的或参加竞价活动的产品

这些能够进入拼多多平台首页或参与竞价的产品，一般都是比较有潜质的产品。商家可以打开拼多多"管理后台"，找到"店铺营销"栏目下的"竞价活动"，然后点击"查看更多"就能进入"预测商品"界面，在这里就能看到那些上过拼多多首页的产品。

3. 销量小、竞争性弱的冷门产品

有些冷门产品同样可以给电商卖家创造一些热销机会。例如，当商家找到合适的冷门类产品的时候，就可以多开一些小的店铺，将产品的搜索展现

量提上去，同样能将这些冷门产品带热。

4. 寻找与热点事件相关的产品

这要求电商卖家具有敏锐的嗅觉，能在各大平台的热点事件中发现商机。例如，百度搜索风云榜就是一个发现热点事件的好工具，商家可以利用这里的热搜榜打造一些与热搜相关的产品。

5. 在淘宝平台的TOP20万词表中寻找有利产品

拼多多平台的卖家可以搜索并下载TOP20万词表，然后从这个词表排序中寻找较火的产品。

这就是拼多多平台店铺选择产品的一些要点。同时，商家在选择产品时，一定要本着从用户的需求出发这一原则，只有用户有需求的产品，才会有市场。当然，产品选择妥当之后，商家还需要将店铺风格与产品风格有效地搭配起来，这样会更有利于产品转化率的提升。

优质低价产品，带动拼单团购

电商卖家在选择好自己店铺中的产品之后，接下来要面临的就是让用户下单，将产品卖出去，那么这时就会涉及产品定价的问题。用户选择拼多多平台的本意就是看中了该平台的"低价团购"，用低价获取高性价比产品。那么，商家到底该按什么原则为产品定价才不会影响销量，并保证店铺盈利呢？

以性价比为原则进行产品基本定价

拼多多受到大量用户的关注，其实并不单单是因为便宜，而是因为产品的性价比非常高，而且产品还能享受包邮。所以，在这样的情况下，拼多多卖家只能靠走量来实现销售收入，获取一定的利润。但是要让产品的销量上去，就必须引入足够多的流量来带动各类爆款产品的销量。所以，基于这样的现实基础，卖家在给产品定价时，要先满足用户对优质低价产品的需求心理，然后再给产品一个能被用户接受的价格。在给店铺产品定价时，我们会采取以下方法，见图7-2。

把握好产品的拼单团购价格幅度

除了要对产品的基本价格进行设置之外，电商还要对拼单价格和团购价格进行设置。在拼多多的拼单模式中，会有两种价格：单独购买价格和拼单价格。这两种价格要有一定的差距，才能给用户一定的消费选择。

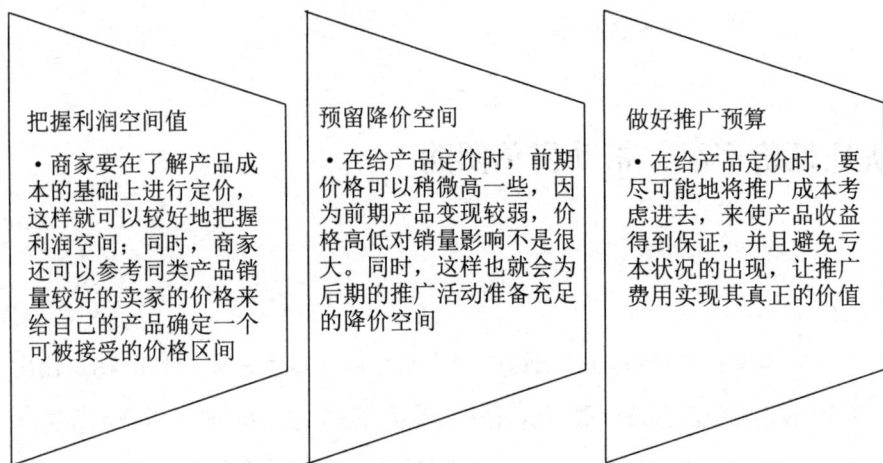

图 7-2

在设置单独购买价格和拼单购买价格时，要通过一定的幅度将两者之间的差距体现出来，使两种价格产生明显的对比，这样用户就能够更加直观地感受到拼单的优惠。不过，拼多多平台一般会要求商家按"团购价＜单买价＜市场价"的原则设定产品的价格。

当然，商家要按合理的方式及市场行情进行单买价、团购价的设置，而且团购价格要在符合实际情况的基础上进行，与单买价之间的差距不能过于悬殊。例如，在图 7-3 中，左图的水龙头防溅水花洒过滤器的单独购买价为 5.07 元，而团购价为 2.67 元，优惠了 2.4 元，这对于这些低价格产品来说，将近一半的优惠价格会让用户觉得非常实惠。右图中的电饼铛的单独购买价是 299 元，而团购价是 249 元，优惠了 50 元，这类高端家用电器，在团购时即使只有 50 元的优惠，也会让用户觉得非常实惠。

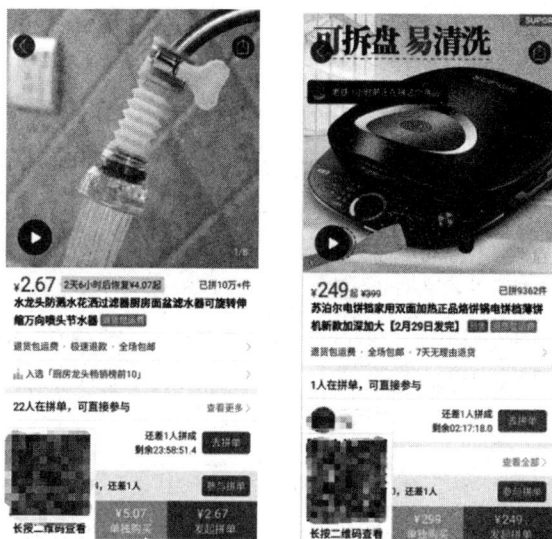

图 7-3

单品组合定价带动店铺产品销量

在拼多多平台上，单品组合定价也是一个非常实用的策略。该策略就是将几种单品组合在一起形成一个组合装来出售，这样的组合装一般会给用户一种实惠感，因而会有一个较好的销量，这样就能通过某一种产品带动更多的产品实现转化。

单品组合定价一般都是以"引流款 + 利润款 + 形象款"的形式出现。在这个组合模式中，引流款、利润款、形象款都肩负着各自的职责，起着不同的作用，见表 7-1。

表 7-1

类别	作用
引流款	将大量的流量吸引到组合装这里，甚至吸引到店铺当中，为其他产品带来转化的机会

（续表）

类别	作用
利润款	会有一个根据预期利润率而设定的利润率，该款产品的主要特点是利润高，虽然流量少，但是一般20%的利润款就能为店铺带来80%的利润。购买利润款产品的消费者一般都是一些追求个性化的群体，所以利润款产品要根据用户的需求特性突出产品的风格、款式等，以增强其卖点
形象款	能代表店铺品牌或市场需求的产品，一般具有新颖性、时尚性、夸张性、高性价比性、唯一性等，是店铺产品的代表

单品组合装是一种很好的产品转化形式，但是在这个组合中，能给商家带来利润的主要是利润款。所以商家就算设定了单价组合装，还需要继续展开一定的产品推广活动，才能让产品更精准地走向用户。所以为了让利润款发挥作用，店铺可以在组合装产品推广的前期，用少量的定向数据进行测试，看看利润款的效果。当然，商家也可以通过预售或使用的形式来进行产品调研，力求将利润款产品打造成一款高性价比和高利润的产品。

标签化设计，利用群体点击率带动产品曝光

为了增加销量，给产品添加一定的标签是很多电商企业都在做的产品促销模式。在拼多多平台上，同样可以将相应的标签贴在产品身上，例如服务标签、社交标签、榜单标签、资源位标签等。当产品具有一定的标签之后，产品所有的附加价值会进一步提升，这样在产品的转化过程中，这些标签就可以很好地为产品提供一定的影响力，让产品的辨识度进一步放大。

产品的服务标签优化用户的购物体验

服务标签是产品最基本的一些标签，它表现为商家通过将各种类型的服务附加在产品上，让用户可以在优质的服务下安心、便捷地消费产品。通常情况下，产品所具有的服务标签主要有以下几种。

1. 极速标签

包括极速发货与极速退款。电商卖家可以在拼多多的管理后台中，将"发货时间承诺"根据自己的实际情况设置为"24 小时"或"当日发货"，商家还可以在此时选择"7 天无理由退换货""假一赔十"等承诺标签；同样商家还可以在管理后台中申请"极速退款"。这两项"极速"标签设置好之后，将会在产品首页、标题、详情页、服务承诺等处显示。

2. 物流及费用标签

商家可以在拼多多管理后台中选择"使用顺丰包邮，并同意《顺丰包邮协议》"项目来获取"顺丰包邮"标签；商家同样可以在管理后台中付费开

通"退货包运费"标签；商家还可以在后台设置"送货入户"功能，即可获得"送货入户"标签；此外，商家在后台设置"送货入户并安装"功能，还可获得"送装入户"标签。

3. 只换不修标签

商家可以根据相应产品的特性，对一些修理必要性不强的产品（剃须刀等）在管理后台中开通"只换不修"标签，为用户提供一次免费换新服务。

4. 正品发票标签

商家通过拼多多管理后台开通"正品发票"服务（仅限部分类目产品），然后承诺在收货后的几日之内免费为买家提供发票。

5. 全国联保标签

商家在管理后台开通"全国联保"服务（仅限部分类目），即可获得该标签。有这样的标签之后，卖家会为买家提供免费的修理、退换货服务。

6. 分期付款标签

商家在管理后台的店铺营销工具页面开通"分期免息"功能，就可以获得"分期付款"标签。这样用户在购买高价商品时，就可以以较低的经济压力轻松获得某产品。

7. 爱心助农标签

这是针对生鲜水果类目中的"助农专题"而设立的一个带有公益性的标签，商家向对接的运营商申请即可获得该标签。

社交标签增加客户回购

对于电商卖家而言，维护老客户是非常有价值的工作。老客户的回购能帮助商家很好地降低广告支出，节约沟通成本与服务成本，还能将产品的销量维持在一个稳定的水平。所以借助社交标签，同样可以帮助商家进行产品转化。社交标签一般表现在以下几个方面，见图7-4。

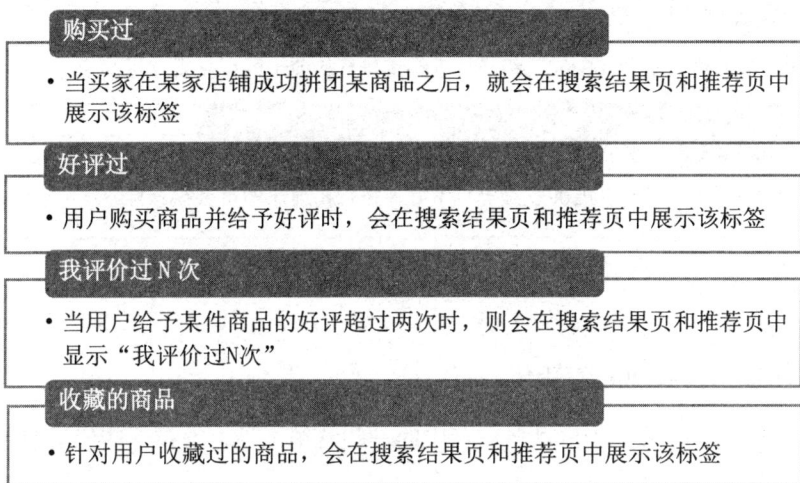

购买过
- 当买家在某家店铺成功拼团某商品之后，就会在搜索结果页和推荐页中展示该标签

好评过
- 用户购买商品并给予好评时，会在搜索结果页和推荐页中展示该标签

我评价过 N 次
- 当用户给予某件商品的好评超过两次时，则会在搜索结果页和推荐页中显示"我评价过N次"

收藏的商品
- 针对用户收藏过的商品，会在搜索结果页和推荐页中展示该标签

图 7-4

社交标签主要反映的是用户与商品的关系，质优价廉的商品，往往会有较好的顾客回头率。此外，用户与店铺的关系（"我好评过的店铺""我收藏过的店铺"等）也是社交标签的范畴。同时，社交标签还能反映微信好友与商品之间的关系（"好友买过的店 / 商品""N 位好友买过的店 / 商品""好友收藏过的店 / 商品"等）。

榜单标签打造爆款产品

榜单标签由商品平台根据相应的数据自动评选出来。商家的榜单标签一般会有很好的说服力，从而让用户在榜单的说服力下从心理上更加认可榜单产品，所以拥有榜单标签的产品会有更好的曝光量和点击率，能保持一定的热度，让转化率保持在一个理想的状态。

常见的榜单产品主要有以下形式，见图 7-5。

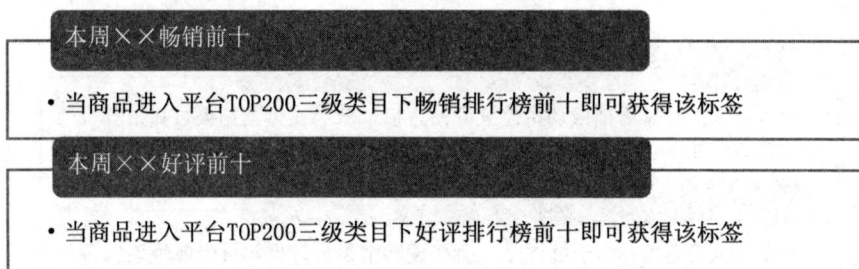

本周××畅销前十

- 当商品进入平台TOP200三级类目下畅销排行榜前十即可获得该标签

本周××好评前十

- 当商品进入平台TOP200三级类目下好评排行榜前十即可获得该标签

图 7-5

优惠标签实现高效转化

优惠标签就是利用拼多多后台中的一些营销工具，发布一些优惠券（拼单返现、多件优惠、店铺与商品优惠券等）来获取的标签。优惠券对店铺卖家的走量销售很有帮助，这可以很好地展示产品的性价比，能以较快的速度吸引用户的注意，进而实现大批的流量转化。

优惠标签主要有这些表现形式：立减 X 元、满 X 返 Y、满 X 减 Y、第 2 件优惠、定金 X 抵 Y 等。商家只需在管理后台进行相应的设置，就能够实现相应的优惠标签。

除了这些优惠标签之外，商家还可以为自己的产品添加资源位标签（品牌馆、断码清仓、生活节、爱逛街、电器城、限时秒杀、每日好店等），这样商家就可以通过参与相应的资源位标签优惠活动来实现销售。

制订搜索推广计划，为商家精准引流

在拼多多平台上，商家也可以通过制定相应的付费推广计划来为产品及店铺引流。在这些付费引流举措的帮助下，能将产品排名进行有效提升，同时还有机会让产品进入拼多多首页，以此来增加产品及店铺的曝光度，让更多的流量集聚到产品及店铺上，为产品及店铺转化率的提升助力。

从产品特点出发制订搜索引流计划

搜索推广是一种成本较低的引流方式，商家只需要花费点击费，就可以通过引流工具精准地向相关人群推广，将精准的流量引入店铺。为了实现精准引流，商家需要在拼多多后台的"店铺推广→拼多多推广→搜索推广"页面建立搜索推广计划。如果商家要对新产品制订搜索推广计划，可以通过以下四条通道来创建推广计划，见图 7-6。

推广计划创建完成之后，商家就能够查看计划的实时信息，然后可以根据数据基础对推广计划做进一步的优化与调整。

商家在创建推广计划时，在搜索关键词选择和使用方面要注意以下两点。

1. 选择一个优质的关键词

商家要在商品热搜词、系统推荐词、搜索下拉词、第三方软件推荐、质量分／相关性高的词中选择一个更有热度的词，来作为搜索推广计划的关键词。一个精准的关键词会自带较大的流量和较高的搜索人气，能给正在推广的产品带去较好的流量转化。

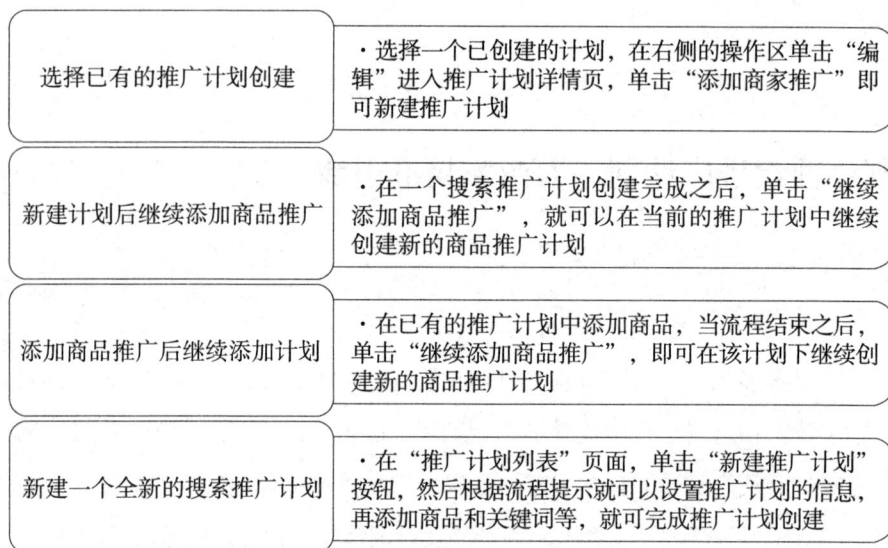

选择已有的推广计划创建	·选择一个已创建的计划，在右侧的操作区单击"编辑"进入推广计划详情页，单击"添加商家推广"即可新建推广计划
新建计划后继续添加商品推广	·在一个搜索推广计划创建完成之后，单击"继续添加商品推广"，就可以在当前的推广计划中继续创建新的商品推广计划
添加商品推广后继续添加计划	·在已有的推广计划中添加商品，当流程结束之后，单击"继续添加商品推广"，即可在该计划下继续创建新的商品推广计划
新建一个全新的搜索推广计划	·在"推广计划列表"页面，单击"新建推广计划"按钮，然后根据流程提示就可以设置推广计划的信息，再添加商品和关键词等，就可完成推广计划创建

图 7-6

2. 做好关键词的权重提升工作

对关键词的权重进行提升又被称为关键词"养护"。关键词本来就具有优势，那么随着产品销售的发生，关键词也要吸纳更加有用的"养分"来提高自己的搜索敏感性，从而能对产品进行精准定位。

场景展示推广计划定向促进产品转化

场景展示推广计划专注于将产品或店铺精准展示，同时还能借助实时竞价的方式获取更具优势的资源位置。做场景推广计划时，拼多多的电商卖家可以边做计划边根据已经出现的转化率数据来对推广计划进行优化。而且当转化率达到一定的程度之后，还可以将场景展示推广计划与关键词搜索推广进行搭配。

商家可通过拼多多管理后台创建场景展示推广计划。在创建搜索推广计划时，商家要给要推广的产品设置合适的点击价格，筛选出定向的用户群体，利用好产品的曝光量和点击率等数据，定向优化推广计划，以进一步提高产品的转化率。

场景展示推广计划最终在销售渠道展示时，要有效地覆盖到 App 的流量聚集区域——资源位：类目商品页、现金签到页、天天领现金页、商品详情页的"相似商品"区等，这里聚集的流量能让商家获得更多的曝光，增加产品被买家看到和关注的机会，所以资源位对产品转化会有很好的帮助。当然，要让产品进入资源位并被用户关注，产品本身要有足够的热度，能刺激用户的购买欲望也是非常必要的一点。

商家要查看推广数据的详情时，只需要进入拼多多管理后台的"推广概况"页面，在"今日实时数据"界面即可切换查看。当然，商家还可以对场景展示推广计划的历史数据进行查看分析，发现相应的趋势变化。此外，商家在对推广数据进行分析时，有以下三个维度，见图 7-7。

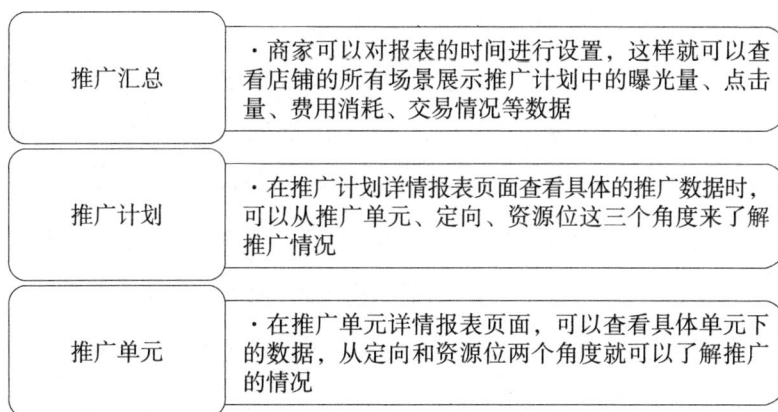

推广汇总	·商家可以对报表的时间进行设置，这样就可以查看店铺的所有场景展示推广计划中的曝光量、点击量、费用消耗、交易情况等数据
推广计划	·在推广计划详情报表页面查看具体的推广数据时，可以从推广单元、定向、资源位这三个角度来了解推广情况
推广单元	·在推广单元详情报表页面，可以查看具体单元下的数据，从定向和资源位两个角度就可以了解推广的情况

图 7-7

场景推广是一个非常有效的转化率提升途径，拼多多电商卖家在使用这种转化率提升方式进行产品推广时，一定要选择好产品进行推广，这样的产品才能给用户带去良好的体验，才能让产品的转化率大大提升。也就是说，将好产品进行场景推广，才能让推广活动的价值体现出来。

小攻略 >>>

拼多多的站外引流通路

流量一直都是电商平台需要的资源，为了获取流量，无论是电商平台，还是电商平台上的电商卖家，都会通过各种途径和方式为平台、店铺以及产品引流。

就拼多多平台而言，在平台站内有多种多样的引流工具，但是这还不够，流量是越多越好。对于一些电商卖家来说，微信、微博、社群、自媒体平台等同样可以作为拼多多电商引流的工具，具体的引流方式如下。

1. 将好产品分享给微信好友

微信作为一款操作简单的社交工具，男女老少皆宜，其用户量也是非常可观的。所以如果将产品分享到这个社交网络中，那么它受到的关注度将是庞大的。所以借助拼多多的分享功能，利用好微信社交网就是在为自己的产品找销路。

在拼多多平台上，商家可以直接将商品分享给微信好友，分享操作完成之后，微信好友点击分享链接就可以直接进入产品详情页面，这种简单快捷的分享方式和打开方式，能让好产品通过好友分享快速地进行转化。

除了给微信好友私发或群发产品链接之外，商家还可以通过微信朋友圈分享产品链接，同时将用户对产品的好评等信息放在产品中，对产品的独特性、功能等优势进行说明，这样产品在朋友圈中的曝光度、关注度会进一步增加，甚至在朋友圈中实现转化。

2. 将好产品推向微博

微博也是一个用户基数非常庞大的平台，将微博作为一种营销工具使用起来，同样可以为产品引来流量，帮助产品进行转化。所以电商卖家可以借助微博上的各类信息，有机地将自己的产品与这些信息结合起来。注意不要将微博的内容写得过于广告化，要利用免费资源将产品有效地嵌入其中，做成嵌入式广告。同时，博主还要与粉丝多互动，设置转发抽奖活动来为粉丝制造福利。

利用微博引流的具体操作方法是：商家在拼多多 App 中复制产品链接，然后进入微博，写微博，粘贴产品链接，插入与产品相关的图片，再在微博话题中寻找与产品相关的话题并添加进去，这样微博的阅读量就会有很大的提升。同时，商家还可以根据微博话题对微博内容进行修饰，尽可能让微博内容变得更加生活化。

使用微博做引流工具时，关键是要将产品与用户感兴趣的内容进行对接，让产品能够随着内容的传播而受到关注。

3. 社群让产品与用户建立更好的联系

社群营销是当下比较时兴的营销模式，无论是微信社群，还是微博社群、QQ 社群等，这些社群都能够将产品潜在的用户集中在一起，为产品找到可靠的用户群体。在社群中，社群管理员与用户成员之间是一种类似朋友的关系，而且社群管理员还会为社群成员提供较好的产品福利，使社群成员能与社群和产品保持高度的黏性，这样不仅可以让产品吸纳足够的流量，而且对于产品的转化也非常有利。

此外，商家进行社群营销时，要在粉丝量和粉丝活跃度得到一定的提升之后再进行产品推广，要避免一开始就在社群中发广告，否则很容易让社群成员产生反感。所以，先与社群成员建立感情是重中之重。而到了实施营销推广战略时，卖家要将自己的店铺、产品等陈述清楚，让社群成员对店铺及产品有所了解。此外，在社群中，商家还可以使用以下技巧来提高社群成员的活跃度，见图 7-8。

4. 自媒体平台能为产品带来更多的用户群体

互联网时代的自媒体平台，一般都有着强大的粉丝基础，因此，在自媒体平台中就存在着粉丝经济——利用强大的粉丝基础实现产品转化，从而获得销售收入，创造粉丝经济。

热门的自媒体平台将会成为商家产品布局的重要阵地。例如，今日头条（头条号）、一点资讯（一点号）、百度自媒体平台（百度号）、阿里大文娱平台（大鱼号）、网易新闻（网易号）、搜狐公众平台、简书等，这些平台上活

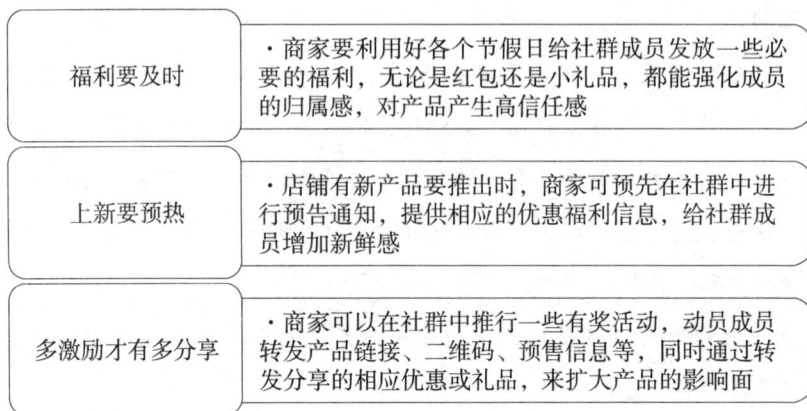

福利要及时	·商家要利用好各个节假日给社群成员发放一些必要的福利，无论是红包还是小礼品，都能强化成员的归属感，对产品产生高信任感
上新要预热	·店铺有新产品要推出时，商家可预先在社群中进行预告通知，提供相应的优惠福利信息，给社群成员增加新鲜感
多激励才有多分享	·商家可以在社群中推行一些有奖活动，动员成员转发产品链接、二维码、预售信息等，同时通过转发分享的相应优惠或礼品，来扩大产品的影响面

图 7-8

跃着各具特色的用户，若根据这些平台的特性和用户的特性进行产品推广内容的创作，就能为产品带来众多的流量和用户，让产品转化进行得更加高效。

第八章
阅读传播，公众号内容的转化推广

　　微信公众号作为一款以阅读为主的内容平台，其所推送的内容，实质上就是一款产品，同时，将真正的产品通过公众号内容进行营销也是一个途径。所以，公众号也是一个产品营销的热地。特别是微信公众号所具有的精准、海量、低成本的用户吸引能力，让微信公众号在营销领域的应用越来越广泛。而且随着运营观念和运营方式的升级，微信公众号逐渐形成了一套完整的运营体系，这对于电商卖家来说，将会是一个非常好的产品转化途径。要想借助微信公众号这样的新媒体进行产品营销，促进产品转化，电商卖家要改变思路，迎合用户的需求与兴趣，创造出高质量的文章，这样才能让内容传播得更广，更有吸引力。

好内容才能激发用户的阅读兴趣

就微信公众号运营而言，阅读量是内容转化的基础，只有提升阅读量，才能带动高效的内容转化。因此，在自媒体兴盛的当下，做微信公众号运营，无论是推文字内容还是推产品内容，好内容是关键。同时，为了提高内容的可读性，还需要通过音频、视频等媒体对内容进行丰富和补充，只有完善、立体的内容才更容易被用户接纳。

什么样的内容才是好内容

对于微信公众号而言，我们要评判什么样的内容是好内容，其实就是评判什么样的文章才是好文章。所以对于很多微信公众号的运营者来说，掌握必要的高质量内容评判标准也是一项技能，这样才可以用这样的标准来对自己的内容创作进行约束，以使文章内容成为高质量内容。高质量内容的评判标准主要有以下五点，见表8-1。

表8-1

评判标准	具体内容
新知能给用户带去新鲜感	高质量文章都会给用户提供新知，知识、认知、技能、故事等，都要具有一定的新鲜感，尽量避免老生常谈，用新知给用户带去新鲜感

（续表）

评判标准	具体内容
高水平的信息量和信息密度	公众号文章质量的高低与文章提供的信息量和文章中的信息密度有关，字字珠玑的文章，无论长短，都能打动阅读者
严密的逻辑配合精彩的论证	公众号文章的逻辑决定着文章的结构，只有结构清晰、逻辑严密、案例精彩的文章，用户的阅读兴趣和阅读后的回味感才更强
通俗易懂	公众号文章创作的出发点就是能被广大用户阅读，越是通俗易懂的文章，越能抒发作者的情感，越能被读者接受，越能在大众中传播
真诚地双向互动	文章能在正确的价值观的引导下，从用户关注的痛点，以沟通的姿态与用户进行双向的聊天式、探讨式互动表达

所以，将好内容呈现给读者是每一个公众号运营者的基本，是公众号运营者对读者的尊重。公众号运营者要积极地学习，时刻保持对优质内容的敏感度，通过关注和学习优质大号等途径创作高质量的内容来打动用户。

文章可读性的提升通路

公众号文章除了要按高质量标准来呈现之外，还需要在写作的过程中融入一些技巧，让文章的可读性增强，这样文章的阅读量才会提升，人们读过之后分享的欲望也会增强，文章的粉丝转化或文章中的产品转化才会有更多机会。下面介绍一些文章可读性提升的通路，见表8-2。

表 8-2

提升通路		具体方案
创造缺口，激发用户的阅读欲望（用户需要什么，就创造什么）	颠覆认知法	用反常识、反直觉的内容在文章的开头来抓取用户
	起点、终点法	将缘起与结尾在文章的开头提出来，激发用户对过程的了解欲望
	成功案例法	用正面、成功的案例来支持自己的观点、方法、技巧等，以增强文章的说服力
用疑问刺激用户持续阅读		在文章的行文中，尽量先将问题或疑问抛出来，让用户带着刨根问底、寻找答案的意愿继续阅读
用美化手法将文章打造得更精致		文章中除了配置文字内容之外，还需要配置精美的、契合场景的图片，增加文章的趣味性，让用户通过阅读收获更多
用流畅的呈现方式展现文章内容		文章内容的呈现要注重排版方面的细节，段落分配要合理（5~8行为一段），配图的尺寸、风格等保持一致，从而让文章以干净整洁的样貌展现在用户眼前

这些提升文章可读性的方法与技巧，要根据文章的内容因地制宜地采用，不可笼统地套用，不同题材的文章需要用不同的呈现方式来展示。

此外，为了充实公众号文章的内容，音频、视频也成为很多公众号运营者打造优质可读性文章的重要工具。音频造就听觉体验，视频造就全方位的立体体验，这样融合了多媒体形式的公众号文章，能更加满足了不同用户的需求。

1. 音频的使用技巧

音频是有情绪、辨识度的内容，能赋予文章更加立体的魅力。在使用音频时，以下五个技巧可以采纳，见图8-1。

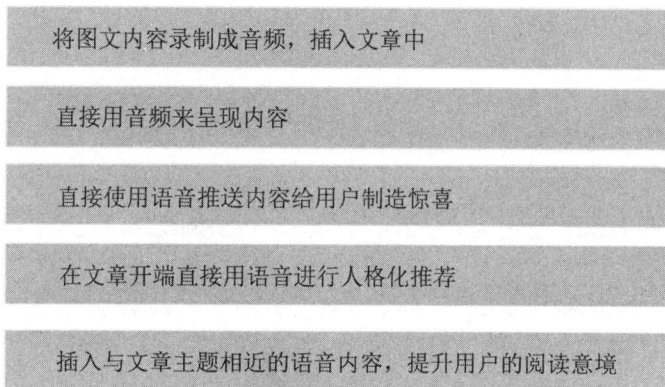

将图文内容录制成音频，插入文章中

直接用音频来呈现内容

直接使用语音推送内容给用户制造惊喜

在文章开端直接用语音进行人格化推荐

插入与文章主题相近的语音内容，提升用户的阅读意境

图8-1

当然，音频的使用也要分清场合，要根据文章的气质来决定要不要加入音频。例如"十点读书"公众号就在一些情感励志类文章中插入音频；有些做夜听的公众号，会直接将内容做成音频放到公众号里，见图8-2。

图8-2

2. 视频的使用技巧

视频不是短视频公众号的独享，在文案类、科技类、趣谈类等公众号中，视频内容同样对文章有着很强的作用。所以，公众号运营者在使用视频内容时，可以应用以下四个技巧，见图 8-3。

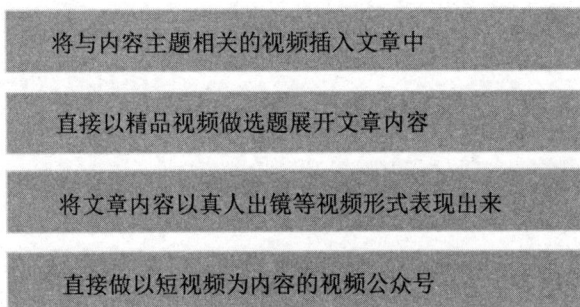

将与内容主题相关的视频插入文章中

直接以精品视频做选题展开文章内容

将文章内容以真人出镜等视频形式表现出来

直接做以短视频为内容的视频公众号

图 8-3

在公众号文章中融入视频内容，不仅能丰富公众号内容，还能将公众号想要表达的内容展现得更形象具体，使品牌形象更加立体，见图 8-4。

×   …

今年双12，支付宝真可爱

小花姐姐 文案匠 2019-12-12

今天双12

最喜欢的一个营销出现了

来自支付宝

▽

01:04

图 8-4

抢眼版式，有效互动内容促进粉丝转化

微信公众号所做的推送，除了要在内容上下功夫之外，还需要在排版上做改进。如果说内容给用户制造的是内在体验的话，那么排版就是在制造外在的视觉体验。就排版而言，它也是公众号内容符合高质量标准的一项，公众号推送的内容要赢得用户持续的关注与转发，就需要内外兼修，打造整体上能给用户制造震撼体验的内容。

精美版式带给用户的重要体验

公众号内容的版式设计影响着用户的阅读体验，同时还能在外在形象上制造出高气质的氛围。所以，一篇好的公众号推送文章，除了要有有价值的内容之外，还必须要有精美的版式（清晰的段落划分、合理的逻辑结构、整洁的页面）来将其气质烘托出来，这样更能带给用户美的感受。一般来说，精美的版式设计有以下作用。

1. 给用户制造内容精良的心理暗示

当公众号的内容在排版上有一定的美学品位时，用户一般会认为公众号的内容也具有这样的品位。可以说，精美的版式设计能让用户对公众号产生较多的印象加分。

2. 进一步提升文章的阅读率

每一篇公众号文章除了有点击率（打开率）之外，还有读完率。一般情况下，读完率要远远小于点击率。那么，当一篇文章具有精美的版式设计，同时还能搭配精美的图片、适宜的文字修饰、合理的分段等时，就能吸引用户进行深入阅读体验。

3. 潜移默化地塑造品牌形象

公众号的内容风格、账号品牌等是通过公众号运营者一次又一次的内容推送完成的，而每一次推送的高质量内容所呈现的视觉美，潜移默化地影响着公众号品牌形象的确立。

这些就是排版设计带给公众号的转化帮助。另外，在排版设计方面，公众号运营者还要坚持以下四个基本原则，见图8-5。

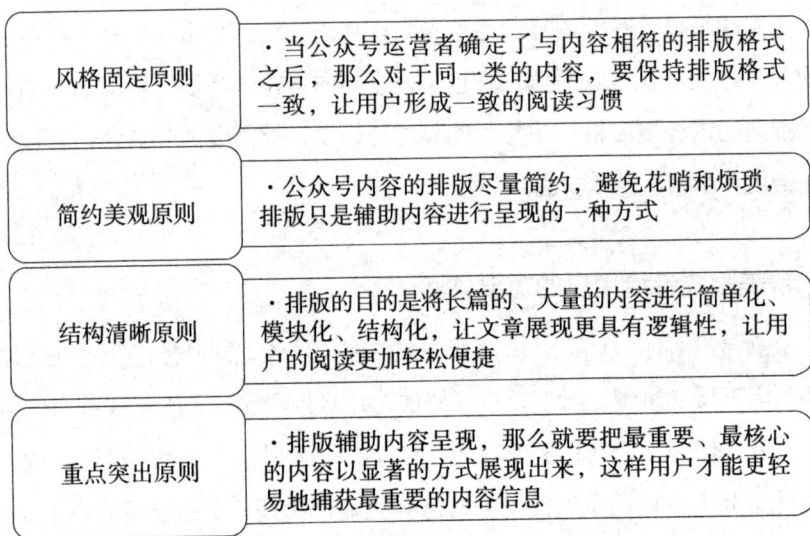

风格固定原则	·当公众号运营者确定了与内容相符的排版格式之后，那么对于同一类的内容，要保持排版格式一致，让用户形成一致的阅读习惯
简约美观原则	·公众号内容的排版尽量简约，避免花哨和烦琐，排版只是辅助内容进行呈现的一种方式
结构清晰原则	·排版的目的是将长篇的、大量的内容进行简单化、模块化、结构化，让文章展现更具有逻辑性，让用户的阅读更加轻松便捷
重点突出原则	·排版辅助内容呈现，那么就要把最重要、最核心的内容以显著的方式展现出来，这样用户才能更轻易地捕获最重要的内容信息

图8-5

封面图对打开率的帮助

封面图能在第一时间向用户传达文章的信息，甚至能将文章的气质首先向用户进行反映，所以一篇文章的封面图，就如同一篇文章的门面，能在第一时间将文章的关注点或焦点反映给用户。正是因为封面图有这样的效果，所以每一篇文章的封面图对文章的打开率都具有非常重要的作用。用优质封面图带动文章的打开率，甚至转发率，也是公众号排版设计中的一个环节，可以说，用图说话胜过千言万语。

因此，做公众号运营，还需要掌握一些封面图的选择与搭配技巧，见表8-3，让封面图将其应有的作用——提升打开率，最大限度地发挥出来。

表8-3

封面图的选择与搭配技巧	具体内容
尽可能选择含有人物元素的封面，特别是含有名人的图片	这是根据用户的情感表达特征而言的，用户特别容易通过封面人物来表达自己的喜怒哀乐、爱恨情仇等感情，所以人物封面因为其形象性而能在第一眼抓住用户的情感，继而激发用户的阅读兴趣
用相应的场景照片来增强现场感和代入感	场景化的照片能向用户描述和传达相应的故事画面，能在增强用户代入感的情况下让用户有身临其境的感觉，从而让用户产生情感共鸣，主动地打开或转发公众号内容
让封面图与标题的强相关性展现出来	封面图还要与标题的意境相匹配，这样就能在文章主题、对象、情感、观点上达成一致，使所要表达的内容更加清晰，而且标题与封面图的相互配合，能进一步强化文章所要表达的点

因此，无论选择什么样的图片做封面图，都必须能够将文章所要表达的气氛、情绪等烘托出来，这样的封面照片才较为合理，才对打开率有帮助。例如图8-6中的这些封面图，就能让封面图与文章内容结合，同时还不失有趣与幽默。

图 8-6

此外，在公众号封面图的选择环节中，还有需要注意以下四个点。

1. 尽可能选择大众熟悉的事物的相关图片做封面图

这是基于心理层面的认知，因为人们一般都会对熟悉的事物更有好感，而对陌生的东西会有抵触。当公众号的内容是大家比较陌生的事物时，就可以用大众熟悉的封面图来带领大众打开相关的内容。

2. 将用户的视觉焦点锁定在封面图的正中

将图片的核心元素放在用户视觉焦点可以触及的封面图正中，能在第一时间触发用户的视觉感知，更有利于文章的打开。

3. 选择颜色更深、更亮的图片做封面图

就视觉传播而言，明亮鲜艳的色彩更能吸引人的注意。

4. 通过排版巧妙地避开标题文字对封面图亮点的遮盖

文字标题与封面都有重要的作用，但是二者在搭配的时候，一定要相互避让，不能因为一方的原因而将另一方的优势遮盖。

内文的版式设计要关注

公众号内容大多是文字、图片、音频、视频的结合，这些传达公众号主要思想和观点的内容在呈现给用户时，一定要在排版上多加注意，以更加合理、能被用户接受的形式展现出来。在公众号内容搭配方面，运营者要注意以下内文排版事项，见图 8-7。

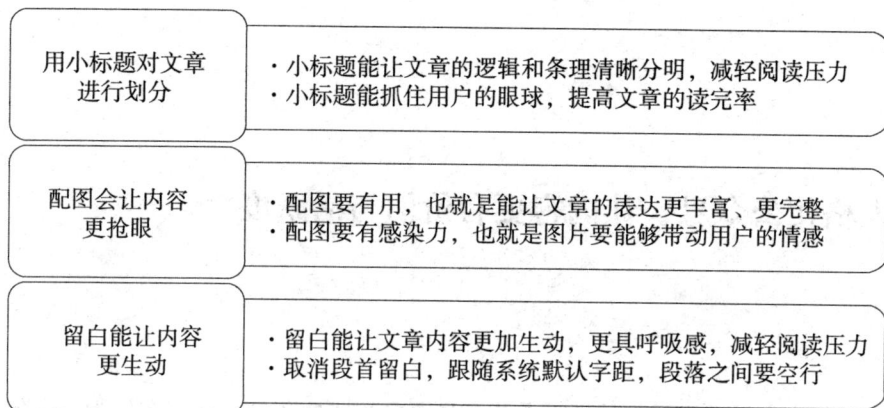

用小标题对文章进行划分	・小标题能让文章的逻辑和条理清晰分明，减轻阅读压力 ・小标题能抓住用户的眼球，提高文章的读完率
配图会让内容更抢眼	・配图要有用，也就是能让文章的表达更丰富、更完整 ・配图要有感染力，也就是图片要能够带动用户的情感
留白能让内容更生动	・留白能让文章内容更加生动，更具呼吸感，减轻阅读压力 ・取消段首留白，跟随系统默认字距，段落之间要空行

图 8-7

　　版式塑造的是文章内容的形象，只有具有良好形象的内容，才更容易被用户接纳。

人格化公众号，让内容更有价值与活跃度

将公众号人格化，是指赋予公众号更多的感情色彩，让它在作为一个信息传播工具的同时，更具有感情色彩。人格化的公众号会有很多好处：商业变现更加容易，阅读体验更好、关注度更高……人格化的内容，在表达上会更加直接，更容易拉近与用户之间的距离，同时也会让文章传达的内容更有温度、更有性格、更有意义，让用户在强烈的代入感下深入体验公众号内容。

人格化公众号运营的表现

人格化的公众号，是具备感情和温度的公众号，而用户也更愿意靠近这样的人格化公众号。所以，做公众号运营，要尽可能靠近人格化的方向。一般来讲，人格化公众号运营的表现如下。

1. 有一个好昵称

人格化公众号运营的第一步就是给公众号起一个好的昵称：有格调、好听、接地气。例如，"凯叔讲故事"的"凯叔"，"利兄日志"的"利兄"，"柳飘飘了吗"的"柳飘飘"，"蛋妈陪娃"的"荷包蛋妈妈"等。公众号运营者可以根据自己所要创造的内容，因时制宜地选择必要的昵称来对自己的形象进行定位。当然，运营者还可以根据自己的昵称对自己的头像进行相应的设计，让昵称与头像达到完美统一。

2. 做鲜明的人格设定

人格设定就是要对运营者的人格化形象进行设定，也就是将昵称所对应

的人物的年龄、性别、说话风格、厌恶喜好等信息在账号简介中予以展示。例如，"柳飘飘了吗"的"柳飘飘"，对自己的简介就是"业余追剧，职业吃瓜"；"表姐电影"的"表姐"，对自己的简介就是"毒舌又可爱，片荒剧荒，找不到好电影，就关注表姐吧~"。

3. 对内容进行人格化表达

内容的人格化表达是指公众号运营者在表达每一句话时，如同在与自己的朋友进行交流，以一种与人聊天的姿态进行相关内容的阐释。

4. 进行人格化的互动

公众号与用户之间的互动方式比较单一：文末留言区留言、后台留言。我们会发现，很多公众号在后台会设置自动回复或者直接不回复用户的留言，在留言区，用户的留言虽然能够得到回复，但是这个回复只是针对某些留言而言，并不是所有的留言都可以得到回复。所以，为了更加全面地展示公众号的人格化，公众号运营者要多加注意用户的留言，尽可能地对用户的留言进行回复，这样能将用户与公众号之间的距离拉近。当然，运营者在回复用户留言的时候，不要过于机械，要用自己的风格对用户的留言进行回复，这样才能将公众号的人格化贯穿始终。

当公众号具有了人格化运营的表现之后，运营者就会发现，这样进行公众号运营时会有以下好处。

1. 商业变现更加容易

人格化之后的公众号能在用户的生活中占据一定的朋友角色，这就使得用户对公众号的信任感自然而然地增强，而用户也更愿意跟随他们信任的角色进行消费，这就使得人格化公众号的商业变现更加容易。

2. 给用户更好的阅读体验

人格化的内容，在表达、情感等方面会更加直接，更容易拉近与用户的距离，从而让用户的阅读更有代入感，使得阅读体验更加完美。

3. 关注人群增加

在一定程度上，用户对人的认可度要远远大于对内容的认可度，所以人格化的公众号更能走进用户，吸引更多的用户关注。

4. 让公众号的辨识度得到强化

当公众号具备人格化的特征时，公众号更能在同质化严重的公众号群体中脱颖而出，更容易被用户识别。

公众号投票让用户活跃起来

在运营公众号的过程中，适时地针对某些话题使用公众号的投票功能，能将公众号终端用户的活跃性调动起来。用投票做公众号内容，也是很多公众号运营大 V 擅长的，各种形式的投票活动，能很好地丰富公众号的内容，在用户转化方面具有很好的作用。

一般来说，使用公众号的投票功能做内容时，能对用户产生积极的作用，主要表现在以下几个方面。

1. 让用户的参与感进一步增强

用户的参与感主要来自公众号内容与用户之间的互动，也就是通过内容，让用户与公众号的运营者之间产生更多联系。当公众号启用投票功能，并且是针对大众普遍感情区的内容做投票时，就会发现，这部分投票内容需要用户与运营者共同来完成。当用户帮助运营者完成了这部分的投票内容时，其自身会产生更加强烈的参与感。例如，在图8-8中的投票活动中，让用户对自己心目中的"最佳凯斯朗读者"进行投票，那么参与该活动的用户就会因为荣誉感等而非常积极地为自己喜好的朗读者进行投票。

图 8-8

2. 使用户的黏性进一步增强

公众号账号与用户之间的黏性，其实就是他们之间的距离，而公众号完美的投票设计，能将这段距离缩小，让用户与公众号之间的距离更近，黏性更强。例如，"以当代器物演绎传统文化的东方生活家居品牌，与你分享东方生活智慧"的"ZENS 哲品"公众号，结合新冠肺炎疫情推出过一期"投票 | 用艺术对抗逆境"的内容，见图 8-9。这种形式的投票推送，在提高用户参与感的同时，还能让用户感知到其所具有的朴实、接地气形象，让用户更加愿意亲近这样的内容，从而让用户的黏性进一步增强。

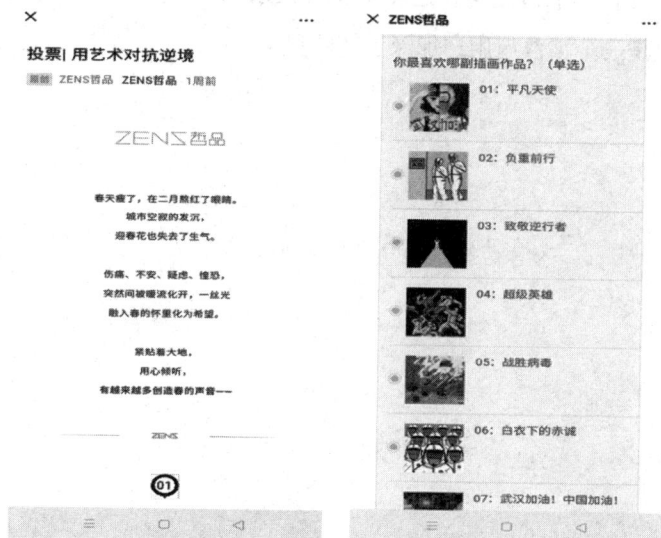

图 8-9

3. 以更加开放的姿态收集用户的观点

公众号是一个内容输出的平台，但同时也是一个希望根据用户的喜好为用户定制优秀内容的平台。所以，公众号运营，除了输出之外，还需要借助公众号的投票功能收集用户的观点。例如，"科学世界"推出过一篇"投票 | 转基因之争"的内容，就是让用户来发表自己对转基因的研究和使用的态度，见图 8-10。

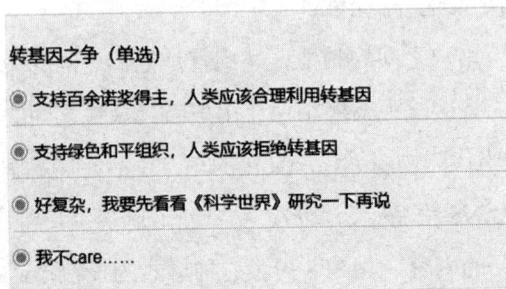

转基因之争（单选）

◉ 支持百余诺奖得主，人类应该合理利用转基因

◉ 支持绿色和平组织，人类应该拒绝转基因

◉ 好复杂，我要先看看《科学世界》研究一下再说

◉ 我不care……

图 8-10

在公众号运营的过程中，适时地使用投票功能，除了能调动用户的积极性之外，也是一个平台与用户加深了解的机会。

高效涨粉引流，为内容转化积累用户

"得粉丝者得天下"能在很多平台中使用，同样，微信公众号的内容推送也需要广大的关注者，也可以说是广大粉丝来帮助公众号的内容进入转化阶段。因此，在公众号运营中，涨粉是运营者要不断跟进的一项工作。无论是公众号运营时日已久，还是公众号刚刚运营起步，都有与其相适应的涨粉引流攻略。

公众号首批粉丝的获取攻略

在公众号运营者的账号刚刚起步时，要想获取第一批用户，公众号运营者就要掌握一定的策略和技巧来为自己的公众号找到必要的用户，公众号运营者可以采用以下方式来为自己的账号获得第一批用户。

1. 用已有的账号来推广新账号

有些品牌在为自己的新账号涨粉时，可以用已有的成熟大号来推广自己的新账号，也就是公众号运营者可以在大账号头条文章底部，告知用户品牌正在运营的新账号的用途、价值等信息，吸引大号的粉丝来关注新账号。此外，大号还可以在自动回复栏里推荐新账号，转载新账号的推送内容。当大号的内容比较宽泛，直接利用新账号来进行大号内容的细分时，大号还可以通过建专栏对新账号进行推荐。这种大号为新账号引流涨粉的方式，又被称为是账号矩阵，也就是不同账号之间的粉丝互相交叉关注。

2. 利用其他平台来推广新账号

其他平台可以是账户的隶属平台，也可以是独立的其他平台（知乎、百度知道、百度文库、网易阅读、豆瓣、简书等）。在隶属平台做推广时，能将该平台已有的用户吸纳到新账户里；利用外部独立平台做推广时，可以根据账号所要推送内容的性质付费邀请一些与之相关的人，到潜在用户云集的各大分享平台进行专题分享。

3. 将线下用户引流到线上

具有线下实体店或线下终端的账号，可以通过在线下环节提供优惠等活动来让用户关注线上公众号，从而为线上账号积累用户。

4. 借助微信社交圈分享推广

公众号运营者还可以通过文案等的包装，向自己的微信好友、微信群、朋友圈分享公众号账号，进而吸引社交圈的人来关注账号，为账号储备用户。

5. 寻找行业大V、圈子红人等进行付费涨粉

公众号运营者还可以根据自己的运营内容选择相应行业的大 V、圈子红人、意见领袖、媒体高手等，通过他们的社交圈、公众号账号等来为自己的新号涨粉。

为了获得新账号的第一批用户，公众号运营者要做充分的准备工作，尽可能完善新账号的各项信息，设置好新账号的功能介绍，使用精美的头像等，让这些新用户能够对新账号产生良好的印象，从而逐步建立信任感，对新账号产生一定的忠诚，这样才能使用户与新账号之间的关系加深，变得牢固。

互推，高效的涨粉攻略

互推是公众号之间进行的互相撰文推荐彼此账号，从而实现高效涨粉的一种攻略，这种互推主要分为"一对多互推"和"一对一互推"，见图 8-11。互推能将对方账号下的用户吸引到自己账号这边，同时也能让自己的用户关注到更多的高品质账号。

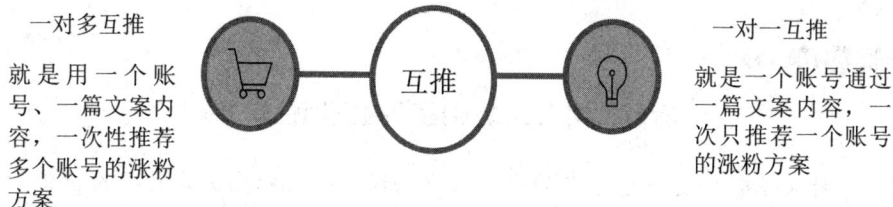

一对多互推

就是用一个账号、一篇文案内容，一次性推荐多个账号的涨粉方案

互推

一对一互推

就是一个账号通过一篇文案内容，一次只推荐一个账号的涨粉方案

图 8-11

　　这两个公众号互推方案各自都有一些互相推荐的技巧，见表 8-4，这些技巧能增强用户对推荐账号和被推荐账号的感知度，增加用户对各个账号的关注概率。

表 8-4

互推方式	互推技巧
一对多互推	• 在标题中体现"荐号"二字 • 以真诚的口吻和亲切的方式写推荐语 • 挑选高品质内容的精品账号进行推荐 • 低频次的头条推送更有利于涨粉
一对一互推	用被推荐账号的标题做题目
	将"公众号推荐""荐号"等字样放在作者栏
	在非头条位置进行高频率推荐
	与被推荐账号相互配合，使用与被推荐账号紧密度更强的文案做推荐语
	用客观的话语在文末对被推荐行为做简单的说明
	定期删除互推内容，用自己的优质内容优化用户体验

　　互推账号涨粉是一种互相帮助宣传的涨粉方式。公众号运营者要找到与自身账号气质相符、内容可靠的账号做推荐，这样才能强强联合，让公众号步入高效的涨粉转化通路。

小攻略 >>>

后台数据为公众号运营提供理性指导

新媒体时代是一个智慧的媒体时代，媒体既可以向大众传播有价值的内容，又可以将用户对内容的接受信息进行反馈，以此来为内容提供者提供有价值的用户需求信息。所以，在新媒体盛行的当下，新媒体能够走向用户的关键是能够迎合用户的需求，从用户的需求出发，来为用户创造有价值的内容。

以公众号为代表的新媒体的兴盛，除了与互联网的普及有着至关重要的联系之外，还与数据有着紧密的关系。我们在公众号上推出的每一篇文章，除了可以向用户传递信息之外，还可以反馈用户的信息。所以，以公众号为代表的新媒体的发展，除了有互联网的功劳之外，还有数据的功劳。

我们知道，数据是理性的代表，所以从事新媒体的编辑工作，要对数据保持高敏感度，形成理性的数据思维，用数据解决工作中的关键问题。具体来说，新媒体编辑要利用公众号后台数据，持续不断地对公众号的选题、标题、内容定位等进行优化。一般来讲，公众号后台数据主要包括三类：用户增长数据、阅读量数据、用户互动数据。这三类数据是公众号运营者以及新媒体编辑需要多加研究的数据，因为它们关系着公众号的发展动向。

1. 用户增长数据

用户增长数据主要与净增用户数、新增用户数、取关用户数有关。这些数据主要来源于公众号搜索、图文页内公众号名称、名片分享、二维码扫描，对这些数据来源进行分析，找到数据的主要诞生地，然后就可以有针对性地对相应的数据诞生场地进行强化，以此来达到数据的有效管理。

每日净增用户数是公众号用户增长的基础。只有每日净增用户数保持稳定的态势，而且整体上保持上升的趋势，这样的用户净增数才是理想的。如果用户净增数表现出极大的不稳定性，那么就说明公众号所推送的内容是不够稳定的，不能较好地符合用户的预期，不能给用户传递更大的价值；这时，公众号要及时对自己的内容进行调整，以此来保证净增用户数的稳定。除此之外，公众号运营者还需要将每天的净增用户数与平均数进行对比，利用数据之间的高低差异，对公众号的内容做改进和调整。

新增用户数与取关用户数几乎同时存在，新增用户是非常正常的，而用户取关公众号也是非常正常的。当新增用户数远大于取关用户数时，不需要太在意；当新增用户数与取关用户数比较接近时，就需要检查公众号的内容等，看看文章标题是不是足够引人注目，符合一定的文案气质，同时看看文章的主题是什么，质量有没有下降。

2. 阅读量数据

阅读量数据是公众号运营者要关注的第二数据。当公众号只靠内容驱动推广时，阅读量数据至关重要。只有整体稳定、趋势上升的阅读量数据才是有效的。在分析阅读量数据时，一般从以下四个层面出发，见图8-12。

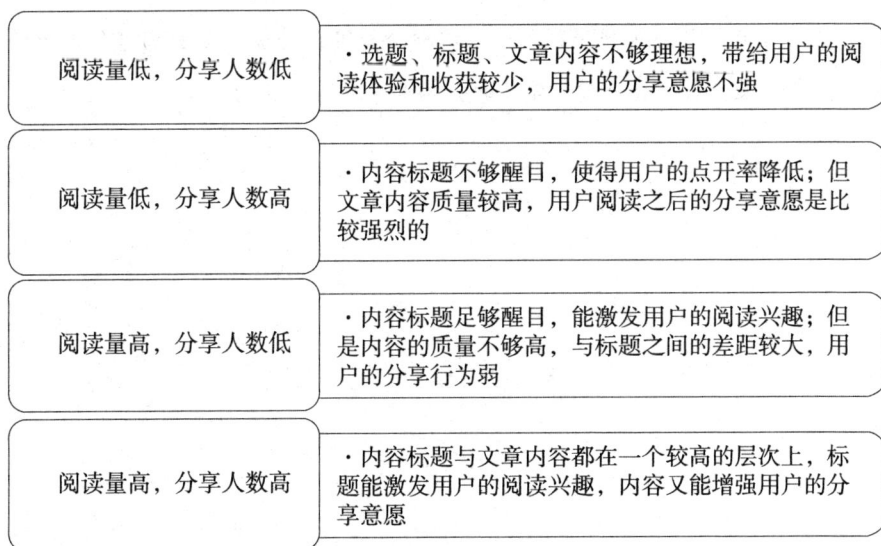

阅读量低，分享人数低	·选题、标题、文章内容不够理想，带给用户的阅读体验和收获较少，用户的分享意愿不强
阅读量低，分享人数高	·内容标题不够醒目，使得用户的点开率降低；但文章内容质量较高，用户阅读之后的分享意愿是比较强烈的
阅读量高，分享人数低	·内容标题足够醒目，能激发用户的阅读兴趣；但是内容的质量不够高，与标题之间的差距较大，用户的分享行为弱
阅读量高，分享人数高	·内容标题与文章内容都在一个较高的层次上，标题能激发用户的阅读兴趣，内容又能增强用户的分享意愿

图8-12

所以，公众号阅读量的提升与公众号内容的标题及内容的质量紧密相关。公众号文章要提升阅读量，就需要在标题和内容上多打磨，用醒目的标题吸引用户打开文章，用优质的内容激发用户的分享欲望。

3. 用户互动数据

用户互动数据主要表现为在看数、留言数、菜单点击数。

公众号自推出"在看"功能之后，用户就能够将自己认可的文章分享到"看一看"中。一篇文章的在看数越高，说明用户对这篇文章的认可度越高，内容在质量上达到了用户的预期。

留言数是公众号编辑进行选题策划的风向标。如果选题能够戳中用户的痛点，用户是非常愿意在留言区发表观点，进行交流沟通的。所以，公众号运营者要对留言区的用户留言多加关注，从中发现用户最感兴趣的内容，以此来更好地策划选题。

菜单点击数是用户对公众号菜单栏的点击量。不同菜单栏的点击量不同，说明用户的痛点是不同的。所以公众号运营者可以根据菜单栏的点击数，在内容上对不同类型用户的痛点进行解决、优化、加强。

公众号运营是一项严谨的工作，需要公众号运营者借助数据进行理性的分析探索，来不断为公众号积累用户，以此来增强内容的转化。

第三篇

转化率深挖

电商转化率的提升，主要靠电商运营背后人的智慧与劳动来实现。可以说，转化率的实现，都是因为一直有人的智慧和劳动的加入，才推动着转化率不断提升。

第九章
完善服务系统，用产品体验激活转化率

在提升转化率的过程中，商家的服务对下单具有重要的影响。这主要表现在商家的服务系统能否及时响应客户的需求，在第一时间解决客户所需，为客户提供便利的购物服务。所以，商家完备的服务系统在转化率的提升中具有举足轻重的作用，这种充分考虑客户购物体验的服务心态，能让已有客户形成更强的黏性，能让潜在客户被这种贴心的服务打动，形成倾向于商家的态势，这样就可以潜移默化地增加下单数量，让转化率得到提升。所以，注重服务系统是商家转化率提升过程中的一项重要工作。

用户的体验感是什么

在电商企业的竞争与发展过程中，电商企业对用户体验的关注度日益提升。关注用户的体验，除了能够调整企业的产品结构之外，还能够在用户体验方面进行创新，力求给用户制造完美的产品体验，从而为产品提供更加广阔的市场。可以说，用户对产品的体验引导着企业对产品的进一步优化。当然，用户体验不是测量产品的唯一标准，它能够让企业为产品创造一个更加明确的推广方向。

在"互联网＋"经济的影响下，越来越多的互联网公司开始关注用户体验，而且也开始通过各种契机来为用户创造独特的体验。这些公司为用户创造体验的本质是让用户能够在心理上更接受某一产品，能在需要该类产品时主动地选择自家的产品。

那么，用户的产品体验到底有哪些呢？什么样的产品体验会将用户再一次吸引到体验场景中呢？

1. 形象体验

即产品的外在形象给用户所呈现的体验感。产品形象的范畴比较广，主要有产品的形象包装、产品的分类、服务与物流，见图9-1。这些都是产品体现在最外围的一些形象，能最先被用户体验到。

2. 信任体验

这主要表现在产品质量、付款和售后方面。例如，保证产品的质量和品质，同时为用户提供安全的支付环境，为用户承诺"七天无理由退换货"。

在这种信任营造的安全环境下，用户更加愿意下单。

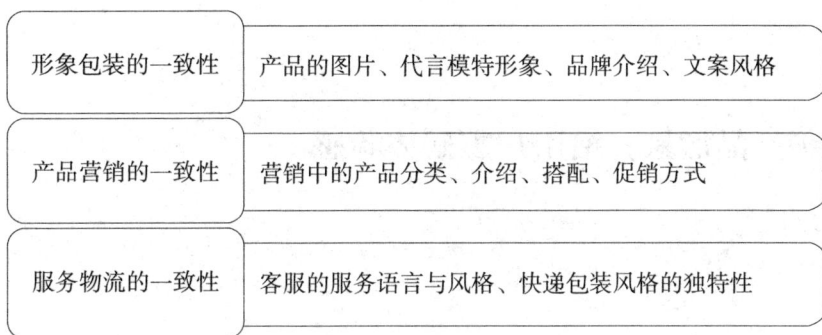

形象包装的一致性	产品的图片、代言模特形象、品牌介绍、文案风格
产品营销的一致性	营销中的产品分类、介绍、搭配、促销方式
服务物流的一致性	客服的服务语言与风格、快递包装风格的独特性

图9-1

3. 互动体验

这主要表现在商家为用户提供的一些互惠活动上。在一些互惠活动中，用户与商家能够实现深度的互动，而且很多互惠活动都能很好地为老客户塑造尊贵的互动体验感，同时新客户可以充分体验到被尊重感。互动体验既可以是用户与商家之间的互动，也可以是新老用户之间的互动。

4. 产品体验

这更多地表现在产品的人性化设计、简单操作等与用户的使用过程相关的环节中，这是用户对产品最深刻的体验，也是用户最关心和最能给用户带去价值的体验。用户的产品体验如果非常好，可以用一个字来形容——爽。只有用户对产品的体验是"爽"时，用户复购的概率才会明显提升。

其实，用户体验是一个完整的系统体验。即从用户进店搜索商品的第一步开始，就将用户放在第一位，为其构建完美、便捷的搜索环境，一直到客户下单，再到收到产品，以及售后回访，这整个过程如果都是在一个非常流畅的环境下进行的，那么用户的产品体验值就会更高，这样就可以利用用户体验来提升产品的转化率。

所以电商企业要重视用户体验，好的用户体验才能够为企业带来持续、稳定的利润，进而才能够获取更多的用户，实现更大的企业利润。

完善产品形象，给用户震撼体验感

产品形象是吸引用户体验产品的关键，所以电商企业要为自己的产品塑造完美的形象，这样才可以让自己的产品更容易走入用户群体，利用产品形象实现产品转化。产品以完美的形象进入用户的消费活动当中，更能增加用户的消费满足感，可以说，这是电商企业在用产品的形象为用户服务。

产品形象中的视觉形象

产品是靠视觉形象最先被用户感知的。产品的视觉形象能给用户制造出某一产品的第一印象，让人们一想到这个产品，脑海中就呈现出它的形象。例如，我们提到江小白酒，映入脑海中的就是：小瓶装白酒，暖心情怀文案，以一种对话的即视感戳中人的软肋，让用户处在相应的情怀场景中。这就是产品视觉形象的高明之处：通过视觉，直接刺激用户的心灵。

所以，产品好的视觉形象，能将产品放大，让产品以更加醒目、独特的形象出现在用户眼前。不过，产品视觉形象放大的背后是标签，也就是标签让产品的形象更加醒目，这些产品标签在视觉上的体现就是产品的 logo、色彩、字体、包装、材质、功能、结构、拍摄场景、拍摄手法、品牌文化虚实结合、文案的风格调性。这些形象会通过网站（店铺、官网、公众号）设计和产品包装进行体现，见图 9-2。

产品的视觉形象塑造了产品的整体面貌，甚至将产品的价值暗含在内，好的产品视觉形象，就是对产品价值的一种放大，这样更能在用户心中树立产品的形象。

品质是产品的核心形象

品质是产品本身质量的体
现。高质量的产品定会有优良
的品质，从而为产品形象的树
立发挥核心作用。用户都是通
过使用产品，发现产品在功能、

性能和使用效果上的优越性，从而确定产品的品质高低。

网站形象：独特
一致的风格、新
颖的展现方式体
现出产品的气势

包装形象：材料、
造型、结构、安全
性、视觉传达体现
出产品的格局

产品视觉形
象的体现

图9-2

虽然品质与产品的核心质量相关，品质形象的体现却并不一定只靠产品
质量来实现，多数情况下，产品品质形象还是需要靠视觉形象来体现的，最
后再加上产品本身的品质来印证。产品的品质形象会直接导致产品的格调发
生变化，同时会让价格有差异。而且就产品所形成的格调而言，不同的用户
群体对格调也有不同的好感。所以说产品的品质形象与产品本身的质量要相
匹配，不能过分夸大产品，使品质与其本身质量发生偏差。

产品既有属于它的视觉形象，也有属于它的品质形象，这两种形象的结
合最终会给产品一个社会形象。产品的社会形象一般体现的是电商企业的经
营理念和企业文化，它是物质形象的外化结果，从而影响用户对该产品的认
知。当然，社会报道、媒体报道和广告等对产品的社会形象塑造也具有很强
的作用。例如，很多大型的企业承担着重要的社会责任，他们积极地参与社
会公益，公益形象就能潜移默化地为企业塑造更加积极的形象，从而让企业
的整体形象在社会上开始放大，这样企业旗下产品的市场竞争力就会提升。
在这种情况下，用户也会选择该企业的产品进行消费，从而凭借广泛的用户
基础，再次为产品塑造更加良好的社会形象。

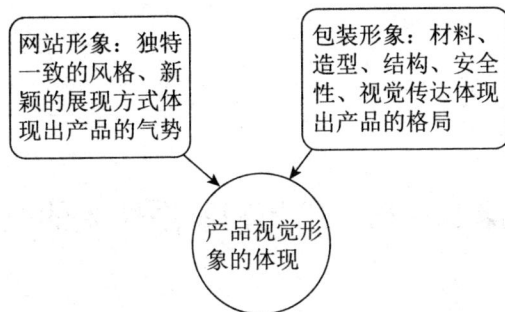

深度互动，给用户制造体验的机会

用户对产品有了较好的体验之后，他们才会有更大的动力下单，那么为了促进用户下单，我们就非常有必要制造可能的机会来让用户进一步加深对产品的体验感。在当下的互联网时代，用户对产品体验感的追求越来越强烈，而且便捷的互动工具和途径，让电商企业与用户之间的互动可以更加高效地进行，通过互动给用户制造各个层面的互动服务体验感，同样能帮助电商企业提升产品转化率。

不同维度的互动模式

就互动而言，它可以划分为三个维度：产品开发的互动、服务的互动、社会活动的互动。这三个维度的互动，可以成为电商企业与用户互动的选择。

1. 产品开发的互动

这种互动就是在产品的开发阶段就对用户的体验进行收集，然后根据用户的体验进行产品设计，其实质上是将产品的设计权转移到了用户的手中，用户在产品的设计开发过程中担任着重要的角色。对于当下的互联网企业而言，产品更新迭代非常迅速，用户需求也千变万化，为了顺应用户的需求，就必须以用户为中心，关注用户的体验，才能够从用户的体验着手，为产品寻找不断优化和改进的通路。

例如，小米手机品牌，其旗下的"小米之家""米粉社区"等，作为一个小米"米粉"的聚集地，能对小米手机产品提出很多改善意见，而且"米粉"

还希望小米手机可以满足他们更多的需求。正是基于这样的"小米之家""米粉社区"的存在，让小米手机官方收到了众多可取的、能满足用户需求的改进建议，同时也让小米制造出了更加适合和满足用户的手机产品，从而使小米手机的转化率增强。

2. 服务的互动

这主要是指线上、线下相结合的互动模式，也就是把在线上举行的一些活动与在线下的活动结合起来，这样，线上、线下的客户就可以进行互动。线上、线下的服务互动模式可以是线上召集用户进行线下体验，也可以是进行粉丝或社群成员聚会，还可以是一些娱乐活动。

总体来说，服务的互动还是以活动为主，也就是通过服务来做活动的互动。这种服务的互动，一是可以有效激活老客户，并对其进行回馈；二是服务的活动还可以吸引更多新客户加入。例如，一些做护肤用品的商家，会通过线上宣传，组织用户到线下实体店进行体验，并为用户提供相应的优惠福利，这样就可以在维护老用户的同时吸纳新用户。

3. 社会活动的互动

这种互动主要是通过提出一些能在社会上传播的话题实现的，所以就不会只停留在某一产品的买卖上，而是通过话题来吸引用户关注你。所以社会活动的互动更看重的是商家能不能提出一些有影响力的话题，让电商企业成为话题的制造者，并不断延伸话题的长度，让话题的参与者队伍不断壮大。

例如，微博等社交平台中经常兴起的话题，这些自带热点的话题，就是社会活动互动的一种表现，商家可以利用这些自带热点的话题来为自己增加关注度，从而为转化率的实现积累潜在的客户。

互动的作用：体验激发用户的潜在需求

作为一个普通的消费者，在很多情况下是不知道自己的消费需求的，所以这时候就需要商家主动出击，用互动来激发已有用户和潜在用户的需求，从而为商家带来更多用户。

那么，什么才是用户的真实需求呢？我们可以借鉴马斯洛的需求层次理论对用户的需求进行划分，然后再对产品进行划分。一般来讲，客户的需求等级是这样一步步升级的：产品所满足的基本需求→产品能不能用→产品好不好用→产品能不能带来超爽体验→产品的人性化设计。所以，产品能解决消费者的痛点是基本要求，然后在与用户互动的基础上再对部分产品做进一步的改进，从而使产品在满足普通用户的基础上，还能满足一些有特殊需求的精准用户。

在激烈的竞争环境下，产品在功能、性价比上的竞争处在一种非常紧张的状态，每一家电商都希望自己的产品可以被用户接纳。因而，好产品的评价标准成为"在满足用户基本需求的前提下，要尽量减少用户的操作步骤"。一些可以给用户超爽体验的产品，可以迅速秒杀竞争产品。

产品给用户的体验，是一个综合体验，除了产品本身可以解决用户的痛点之外，产品的外观设计、视觉呈现、物流、客服等都有影响。例如，淘宝在开通菜鸟物流系统之前，广受用户的诟病，而自有了菜鸟物流系统，淘宝的物流网让用户的体验有了更深层次的提高。

提升全员服务意识，高质量客服感化客户

电商企业在竞争的过程中，除了在产品方面进行竞争之外，还可以在服务方面竞争。产品之间的差异化越小，电商企业越需要在服务方面与同行竞争，用高质量的服务感化更多用户，从而为产品寻找稳固增长的使用群体。所以，电商企业在建设自己的客服队伍时，要在选人用人上有一定的标准，同时为客服人员制定一定的工作考核标准。当然，最重要的是要通过各种措施提高客服人员的服务意识，让客服人员多为用户着想，为用户提供及时有效的服务，解决用户所需，利用服务让用户更加信赖企业，也更加信赖企业的产品。

客服的选择与队伍建设

客服是电商企业中的服务主力军。电商企业要为用户提供高质量的服务，就需要先建立一支优秀的客服队伍。不过，电商企业在建立高质量客服队伍时，需要注意以下几点。

1. 高素质客服队伍需要高人文素质的人

企业选人的过程中会综合应聘人员的性格、知识和阅历，对这些方面进行综合叠加，才可以选出一位适合企业发展的人才。但是，在选人的过程中，招聘人员需要多注意应聘者的人文素质，而且作为客服人员，性格开朗、沟通能力强、善于倾听是重要的参考依据。

2. 用绩效考核强化客服人员的能力

电商企业在客服工作的安排中，需要对服务标准进行量化，对涉及的服

务细化进行分类，针对每一项服务给出应该达到的服务限度。并且在对客服人员的售前及售后工作进行考核时，要对客服人员所对应的回复速度、回复质量和各层次评价、售后满意度高低等进行衡量，以此来为客服人员确定相应的绩效，这样就可以激发客服人员的工作积极性，让客服人员自觉地树立服务意识，从而让服务能力得到提升。

3. 给客服人员足够的工作灵活度

客服人员面对的用户千差万别，不同的问题需要用不同的方法来解决，而且有些急迫的问题客服人员更是需要随机应变，减少服务的中间环节，力求以最快、最高效的速度为用户提供服务。所以要给客服人员一定的自主权，让他们自己来判断和解决用户的需求。当然，电商企业也需要设置一定的督促疏导机制来对客服人员的工作进行指引和考核。也就是说，客服人员要有自主权，但是也受督促机制限制，这样才可以有的放矢，让客服质量处在一个合理的限度内。

4. 男女客服的搭配妙用会有不同的服务效果

因为有些产品的受众群体可能会集中在某一性别的群体中，对此，电商企业还可以选择不同性别的客服为其提供服务。在一些情况下，这是柔和用户与客服关系的利器。例如，针对以女用户为主的产品，可以在该产品的客服岗位配备男性，这样的客服设置会给用户制造惊讶感和新奇感，更容易化解一些问题。

全员服务意识的提升

电商企业可以对自己的客服队伍进行相应匹配设置，让客服人员达到完美的人岗匹配。当然，电商企业除了要给客服人员提供交流学习的机会之外，还需要给整个团队提供交流学习的机会，让整个团队都有一个较高的服务意识。

服务意识是根植于员工内心的一种本能习惯，在这样的本能基础上，再加上后天的培养和训练，能让员工将服务意识转变为一种职业习惯。

全员具有服务意识的表现是：站在用户的立场为其着想，主动为用户服务。所以电商企业中的每一位员工，都要将自己定位于一个提供服务的员工。为了提升全员服务意识，企业员工可以从以下这些方面着手。

1. 有一个好态度

以谦和友好的态度、平静的情绪为用户提供服务是基本要求，还需要理性的配合，以智慧的方式为用户解决问题。例如，大多数情况下，买家的抱怨或投诉，一般都是因为在某一方面不满意，这时，公司的客服人员就需要用诚恳、热情化解用户的不满情绪。

2. 能快速响应用户的诉求

快速高效的服务速度能很好地降低用户的丢失率。在售前与售后服务中，高效、精准、快速的服务是对用户的尊重，用服务诚意感动用户，能防止用户产生负面情绪。

3. 服务语言正确得体

电商企业在与用户沟通时要注意措辞，要用得体的解释为用户服务，尽量使用用户能够理解的通俗语言进行相关问题的答疑，并且沟通的时候要注意语言的婉转。

4. 多点耐心面对用户

电商企业的用户是多种多样的，每一类用户都有不同的诉求。为用户解决问题时，要多点耐心倾听用户的诉求，还可以找准问题的关键，这样更容易解决相应的问题。

服务意识是一种随时随地都可以发生的即时反应。例如，有些电商企业的员工，在任何地方看到用户使用自己的产品时，都会主动询问用户对产品的使用状况，为其推荐公司的优惠活动，为其赠送相应的礼品等，都是服务意识的反应。所以，电商企业的员工要有一种主人翁意识，主动为企业的用户服务。

借助服务系统工具，高水平服务实现高转化

　　大部分大型电商企业都有完备的服务体系，以及比较健全和完善的服务机制。这样的服务体系和服务机制，其实就是电商企业的服务系统。成功的电商企业都建立起了具有自己特色的服务系统。在这个服务系统中，哪方面是用户最为关心的，往往也是最能影响用户体验的，更是电商企业最为关注的。例如，在高速的生活节奏下，人们对物流的期望值越来越高，于是，电商企业开发物流系统融入服务系统，或者与高效物流企业合作，等等。总之，电商企业要在理解服务系统的基础上，为用户提供高水平的服务，这样才能有效促进产品转化。

何为服务系统

　　服务系统就是根据不同的用户需求构建的服务体系。所以，服务系统与用户需求紧密相关，而说到用户需求，我们不得不提到马斯洛的需求层次理论：人类需求从低到高分为五种，分别是：生理需求、安全需求、社交需求、尊重需求和自我实现需求。

　　这样，一方面，我们可以对马斯洛需求层次理论仔细地进行研究，找到每一个层次中，人们到底需要用哪些产品或服务来满足他们的需求；另一方面，要考虑我们的某一产品或服务能否满足人们的生理需求、安全需求、社交需求、尊重需求、自我实现需求。

　　例如，用户在网店购买手机时，总是会有很多疑问：什么时候发货，能

不能退换货，有多久的保修期，手机运行速度如何，等等。其实，这一系列的疑问，也正好是用户需要解决的问题，也是用户需求的一种表现形式，那么商家就可以针对用户的这一系列需求，给出相应的问题解决策略，这就是服务系统的一种表现。

所以，一个好的服务系统是这样的：具有整体性、系统性，各部分之间紧密联系，相互支持，所有的问题都能够被解决，而且最后还会表现出良好的结果，使整体都表现出稳定良好的状态。

服务系统中的各类工具

为了让电商企业的服务系统运行良好，还需要借助一定的工具来帮助这个系统运行，见图9-3，正所谓"工欲善其事，必先利其器"。

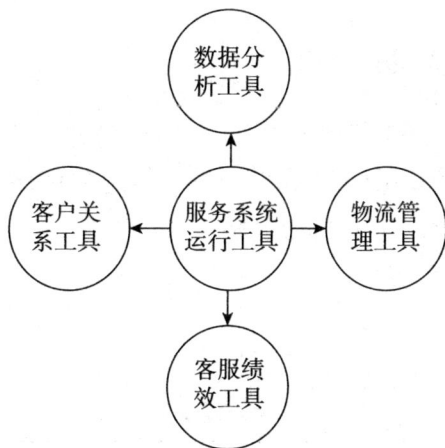

图9-3

1. 数据分析工具

是指一些指数分析工具，例如，淘宝指数、百度指数、优酷指数等。利用这些指数工具，判断用户主要集中在哪些领域、市场中的大致趋势如何、消费者的热点在哪里。所以运用指数工具的目的就是帮助电商企业寻找到用户的信息，然后根据用户的信息进行产品投放和布局。

2. 客户关系工具

是对客户关系进行统计与分析的工具，它能够将客户按地域、爱好、联系方式等分门别类地进行统计记录，有利于电商企业对客户进行更好的服务与开发。

3. 客服绩效工具

是对客服的专业、响应速度和服务态度进行检查和监督的工具，让客服为用户提供更好的服务，能够发现用户的需求特性，从而为产品的功能改进、设计优化提供基础资料。

4. 物流管理工具

是指通过对物流数据的分析得出用户的地域、职业等信息，让物流管理与客户关系管理有效对接，为电商企业开展线下活动提供支持。

随时随地切入的转化场景

转化率的实现基础是要有一定的用户，所以电商企业必须让自己的产品或服务随时随地出现在用户的视野中，利用各种各样的消费场景，增强用户的品牌记忆，从而激发用户的消费欲望。

在网络平台日益丰富的当下，电商企业有了越来越多的产品投放渠道和平台，见表9-1。

表9-1

投放渠道	具体策略
百科知道系列	百度百科、360百科、搜狗百科等，在这些搜索渠道下，电商企业可以设置一些有利于自身产品被搜索的问答
论坛博客系列	豆瓣、贴吧、博客、同城网站等，适合一些知识性文章的软性植入，同时文章与微信等平台实现共享，让用户能够时刻感知电商企业的产品文化

（续表）

投放渠道	具体策略
即时社交系列	微信、QQ、微博、陌陌等即时社交软件，更加贴近用户的生活。在这些社交软件中投放产品的知识性攻略，或借助娱乐热点故事、行业新闻报道等发布一些优惠信息，甚至做一些公益性的内容，都会给产品一个好的普及度和影响力，从而为产品开辟更多的转化渠道
新闻资讯系列	各大门户网站的报道，会给企业品牌和产品带来更多的发展动力，能很好地提升产品的知名度、影响力、品牌形象，所以借助新闻资讯媒体的背书，产品转化概率会明显提升
视频平台系列	优酷、土豆、爱奇艺、腾讯等传统平台，以及当下盛行的快手、抖音、火山等视频App，将PC端与移动端的所有用户有效地连接在一起。视频成为用户获取需求信息和激发需求的重要通路，所以利用各类视频通路，为产品打造视频营销通道是必然趋势

各类营销辅助工具的兴起让随时随地的产品转化成为可能，但是每一类产品都有与其相适应的营销工具，这主要是因为不同的营销工具后面聚集着不同的消费群体，所以电商企业在专注产品转化率的提升时，要根据不同情况使用不同的工具，不能一概而论。

例如，豆瓣平台的主要聚集者是文艺青年，那么适合文艺青年的图书、笔记本、艺术创作工具、工艺品、相框等产品的关注度会很高，那么在这样的平台多投放与这些产品相关的优惠购买信息，就能将这些潜在用户的眼球吸引过来。所以，产品是什么样的特性，就寻找什么样的用户，然后寻找这些用户集中的平台，再对准这样的平台发力，就能更加精准地为产品寻找合适的用户，从而让产品的转化率得到高效的提升。

小攻略 >>>

做好客户期望值管理

任何时候，企业品牌和口碑的形成与传播，都是以用户为基础的，只有用户信赖的产品，才会在市场上逐渐形成一定的影响力，进而被大众所知。所以，用户是企业生存的基础，企业要对用户进行有效的管理，尽最大可能满足用户的期望值。

用户期望值管理是用户关系管理中的一个点。就用户关系管理而言：一方面，企业要维持现有的政策、资源、流程等基础条件；另一方面，企业要应用信息技术获取并管理客户信息，从而不断地对产品或服务进行改进和提高，以达到用户所希望的期望值。用户关系管理可以很好地维系用户的忠诚度，让电商企业的用户长久地忠诚于该企业的产品或服务，这样，企业产品或服务的转化率就会有稳固增长的客户基础。

用户关系管理是企业服务系统中的内容，而用户期望值管理是用户关系管理中的一部分，当企业能给用户提供超越他们期望值的各类服务时，用户会对企业产生更强的认可度，也会更加愿意为企业宣传，给予企业好评。可以说，当企业提供给用户的期望值达到一个较高的水平时，用户在某种意义上就会成为企业的宣传员、销售员，这样企业就可以利用管理用户的期望值来实现产品转化率提升。

企业在服务系统中做用户的期望值管理时，首先要明确：要给客户一个合理的期望值，使用户与企业品牌朝着一致的方向改进。也就是当用户的期望值与企业品牌之间的差距越小时，企业越容易满足用户，用户也越容易得到满足，双方都能够以较快的速度达到双赢。对于电商企业来说，在做有效的用户期望值管理时，要从以下几点着手实施。

1. 坦诚待客，有一说一

电商企业要对用户保持坦诚，根据企业自身的实际情况来表述自己可以为用户提供的各类服务。电商企业一般都会制定自己为客户提供的服务内容，而且还会对员工的工作要求和考核制定相应的标准，但是用户对这样的服务内容和服务标准并不会有过多的了解。因此，在服务质量评价方面，用户对服务质量的评价只是从自己的体验出发给出一个模糊的认识，这样的话，用户最终体验到的服务与企业提供的服务之间就会有差距，从而不能使用户的满意度与真正的期望值达成一致。

针对这种情况，电商企业应该在自己的店铺描述中就告知用户自己所能够提供的产品及服务的具体状况，使用户能够清晰地了解到他们在消费体验中能够得到的价值。例如，电商企业在为用户提供物流服务时，就需要对是否包邮、包邮的区域是哪些地方等进行明确，这样明确之后，用户就能知道自己会享受到什么样的服务，从而减少体验过程中的误解。

2. 客观评价，避免浮夸

商家要本着客观的态度对自己的产品或服务进行描述和评价，不能为了提高转化率而对产品进行过分夸大，使其脱离实际情况。很多电商企业，为了让自己的品牌更有知名度，会将一些不切实际的技术、研发能力等附加到产品上，甚至在产品的详情页过分夸大产品的性能，这样就会给用户营造一种高期望值。而用户在实际的体验中可能得不到期望的体验，这就破坏用户对商家的信任。

所以，电商企业在对自己的产品进行美化时，要注意一定限度，要把握好节奏和尺度，这样才能在不辜负用户信任的基础上让用户持续选择自己的产品。

3. 走心客服，有效沟通

客服在为用户提供服务时，要跟用户进行有效的沟通交流，这样就可以在全面了解用户真实需求的情况下，为其提供及时、有效、有针对性的服务，从而快速解决用户的问题。这也就要求客服人员具有高度的服务意识，能对用户反映的问题进行归类整理和总结，为同类问题找出统一的解决方案，从而提高客服的质量和效率。这样的服务方式能最大限度地提高用户对相应服务的期望值。

4. 赢取认同，共享收益

电商企业在做产品调整时，应尽量与用户进行沟通，听取用户的意见，获得用户的认可与支持，这样，企业就可以与用户共享最终收益。特别是电商企业在开发包装新产品时，更需要与客户进行交流沟通。通过这种沟通，电商企业不仅可以获得用户的建议，还可以让用户成为新产品的宣传员，实现一举多得的效果。

客户期望值虽然不能明确量化，但是我们可以通过研究影响客户期望值的一些因素（品牌、口碑、用户背景、用户消费环境、用户年龄、已有体验）来调整客户的期望值。同时，电商企业做客户期望值管理时，要尽量不增加运营成本，从企业的实际情况出发，利用可实现的期望值让新老客户的体验水平提升的同时实现转化率提升。

第十章
优化组织人才结构，为转化率实现提供保障

得人才者得天下。转化率的提升还要靠人才力量的推动，人才是商家和企业具有的基本力量，他们对整个转化率实现的系统所做出的贡献，最终都会以下单数量的增加，也就是转化率的提升表现出来。任何一家店铺或企业的运营都离不开人才队伍的建设。不管是店铺的负责人，还是店铺的运营者、美工、客服等，他们有条不紊的配合与协作，是转化率提升的保证。而且面临以年轻群体为主的消费场景时，给组织中融入更多年轻的思想，能让组织抓住主要的消费市场，从而明确转化率的提升方向。

领导者的优质人际资源，为转化率赋能

在电商的转化率提升这件事上，电商企业的领导者对电商的持续运营起着核心作用，特别是一些刚刚起步的电商，领导者的决策可以说决定着企业的命运。除了领导者本身之外，领导者的人际圈也非常重要，这个人际圈就是指领导者的朋友圈。也就是说当企业领导者拥有一些和自己等量级或比自己高一级的朋友时，这些优质的人际资源能为企业的转化率提升起到推动作用。因为，对一个拥有和自身等量级或高一级朋友的领导者来说，他的经营决策会参考这些优质朋友的很多建议，经营过程也会更加顺畅。

领导者拥有优质人际资源的重要性

在一家电商企业发展壮大的过程中，最重要的就是流量和转化。流量和转化不是凭空而来的，而是由领导者的经营决策理念决定的，同时还有外部力量的不断进入。可以说，领导者除了要智勇双全，有格局和见识外，还要能依靠自己的优质人际资源为企业确定合理的发展轨迹。

优质人际资源是指企业领导者可以有效交流的那些人所组成的人际层，这些人的意见能为企业带来更好的发展活力。

比如，如果一个企业的领导者想知道自己的企业在本年度会有一个什么样的利润水平，那么找六个自己这半年来密切接触的朋友，将他们上一年的利润和求平均，那么从这个平均利润就可以估计自己在本年度的利润了。所以优质的人际资源还能帮助企业在发展的过程中确定合理的目标。

领导者优质人际资源的构成

对一位电商企业的领导者来说，优质的人际资源不需要种类太多、太复杂，但是最好能包含以下这几类，见图 10-1。当然，每一类人的数量不需要太多，只要是足够优秀的，一位就可以。

图 10-1

1. 运营策划实干家

指做运营策划、产品规划的人，这些人往往具有很好的大盘布局能力，能站在客观和宏观的角度对一个行业、一家企业、一个产品有清晰的认识，在发现问题的同时，还能提供问题的解决方案。当企业领导者与这样的实干家联系在一起时，领导者就可以吸收很多经营过程中对产品、服务、视觉等进行改善和优化的好建议。

2. 视觉营销实战派

视觉营销实战派是指那些注重视觉创意，并能对用户进行深度观察的人，他们通过对用户进行深度观察，发现用户的内在需求。一方面，视觉营销实战派可以根据用户的需求开发产品或服务；另一方面，视觉实战派还可以对已有产品或服务进行再次改造。视觉实战派所做的工作都是站在用户的角度，以用户为中心来解决用户的需求。领导者拥有视觉实战派这样的人际资源时，可以让这样的人进行团队的培训，还可以将产品的视觉设计工作外包给这样的人，不管怎么样，这样的实战派都能够很好地为企业带来发展的动力。

3. 电商平台负责人

做电商工作，还需要与各平台中的一些负责人建立起良好的人际关系。因为各个电商平台都有一些与其相适应的运行规则，与这些平台的一些负责人要是能建立好人际关系，就可以更好地了解这些电商平台的发展情况，而且还可以充分利用这些平台的有效资源，壮大自己店铺的力量。所以领导者投放电商渠道时，通过平台的相关负责人了解电商平台的运行机制也是一件非常有益的事，这样店铺在后续的发展过程中也会随机应变，实现完美运作。

4. 电商培训机构负责人

电商培训机构是传播经营知识的地方，更是一个汇集全面知识体系的地方，这里会汇集很多对行业规则比较清晰的人士，能分析出优势行业在哪里，并提供进入优势行业的途径策略，以及在优势行业中经营和发展的技巧。领导者与培训机构的人建立好人际关系，适时地让培训机构对员工进行培训，这样能让整个运作团队更加专业，更能适应不断变化发展的经营环境。

5. 有智慧的供货商

经济发展时代不同了，客户对供货商的要求也不一样了，如今，企业需要的是有开拓精神、互联网思维、经营思维的智慧供货商。这类智慧供货商更愿意根据客户的反馈及时对自己的产品进行调整，能站在用户需求的角度为用户着想，归纳起来，智慧供货商能观察，能随机应变，能为用户着想。与这样的智慧供货商建立良好的人际关系，那么电商的货物品质就会有保证。

6. 物流"老兵"

商家的产品要进入用户的手中，物流是必不可少的一环。与一家优秀的物流公司合作，能够让产品在配送仓储等物流环节高效安全地运转，是提高物流效率的关键，而且物流公司还能在订单量上给予电商一定的优惠价格，这对于电商来说，是两全其美的事。所以企业的领导者也需要有物流领域的"老兵"来做自己的参谋，选择一家能带来效益的物流公司合作，也是必要的一步。

7. 媒体领域人士

电商产品在推广宣传环节中，甚至在品牌公关环节中，媒体的力量是关键。所以电商企业领导者还需要有一些媒体朋友，特别是在新媒体兴起的今天，熟悉新媒体宣传推广思维的人士，更能给领导者规划有效的产品推广手段和途径，让企业在媒体方面把握好方向。

领导者的人际资源是电商企业发展过程中的推力，这些外围的顾问力量，对产品的转化率起着根基的作用，潜移默化中协助着电商领导者。

顾问队伍不能缺，业务外包要合理

在电商企业的发展过程中，外部的顾问队伍有着非常重要的作用，建设外部顾问队伍是企业的一项必要工作，根据顾问队伍的意见，企业要明确自己在整个经营过程中是以什么样的角色存在的，主要会负责哪些业务，哪些业务需要外包，处理外包业务时应该保持什么样的心态。可以说这是借助外部力量来帮助企业进行角色定位，让企业领导者在团队建设、公司营运方面有正确的认识。

顾问队伍是一个智慧库

企业领导者的外围优质人际资源，或者说是领导者的朋友圈，实际上就是领导者的顾问队伍。电商企业的领导者，在发展的过程中，有这些外部力量的帮助，那么电商运营就会朝着更高效和更有效的方向发展。外围的顾问队伍，也可以说是电商发展的智慧库，这里凝结着各种不同层面人物的思想精华。智慧库在帮助电商解决问题的同时，还会让电商逐渐形成一定的品牌，让电商走得更加长远。

在了解外部顾问队伍的重要性的基础上，作为电商企业，应该重视外部力量建设这一环节，查漏补缺，用跨界人才建设一支有力量的顾问队伍。具体来说，完备的外部顾问队伍，其主要工作是为电商企业领导者提供咨询，帮助领导者设计合理的决策；反馈公司各方面的信息，并对信息进行追踪研究，提供相应的实施方案；采用科学的手段对公司的产品或服务进行诊断，从现状着手探究问题的症结；帮助制定企业的未来发展规划，并为规划的实施提供相应的督促方案等。

很多电商都是当局者迷，在发展中可能意识不到自己存在的问题，所以这些电商企业在发展的过程中要及时建立外部顾问队伍，把外部顾问队伍建设作为一项重要的工作，或者对已有的顾问队伍进行梳理，查漏补缺，从自己的人际圈中寻找出合适的队员，用跨界人才组建一支可靠的智慧顾问队伍。

保持合理的业务外包态度

电商企业在经营的过程中会涉及一些业务的外包，例如，产品的生产制造需要专门的工厂来生产，物流配送要与相应的物流公司合作来完成，甚至有些企业的宣传推广也会交给专业的外部团队来做。不管怎么说，企业都是将自己不擅长的业务交给专业的外部团队来负责，这样也就让企业的业务有效地实现了外包，而企业自身会专注于核心业务的经营，这样就会形成内外部相互协作的内外部业务处理模式。内外部的协作利用得好，可以让企业快速成长，但是内外部协作要是出了问题，那么企业就容易错过良好的市场机会，而这一点，也是企业在考虑业务外包时最担忧的。

所以在面临业务外包这件事时，电商企业要与外部合作企业达成良好的沟通，让外部企业掌握充分的需求信息资料；同时，电商企业也要通过筛选，选择能够提供最好问题解决方案的企业进行合作。外包的各项业务（生产、加工、制造、物流、视觉、宣传推广、客服等）做得好了，电商企业的转化率就会顺势而长。不过在业务外包方面，电商企业要规避以下三种误区。

1. **过于干涉外包公司的业务执行，让其工作主动性降低**

电商企业在选择好自己的业务外包公司之后，要将自己的业务要求尽可能统一一致地提出来，不要随意地更改，这样频繁的信息更改会让外包公司产生消极情绪，对电商企业反而是不利的。

2. **对外包公司的业务执行始终不闻不问，效果不好就解约**

电商企业虽然是因为不擅长某一项业务才进行业务外包，但是业务外包也要提出自己的要求，不能做甩手掌柜，不闻不问，效果不满意时就轻易结束合作关系。

3. 不给外包公司业务执行要求，业务结束之后反复提修改要求

如果电商企业最开始在业务要求上没有足够的灵感，而面对外包业务的结果时却反复提出修改意见，则是对外包公司的不尊重，会让彼此之间的合作关系产生裂痕，对电商自身也不利。

内部团队建设，合作才能共赢

对于电商企业来说，内部团队建设也是非常重要的一个环节，高度整合和协作的内部团队，会有一个非常高的工作质量，能对转化率提升起到很好的作用。所以，电商企业要在内部团队建设方面下功夫，清晰地划定内部岗位，确定好每个岗位的员工定位，通过构建一个高效的内部团队来为转化率提升打好基础。当然，电商企业也要随着企业的发展，对企业内部的团队建设工作进行适时地调整，让更能胜任市场需求的员工来负责相应的岗位，这样不仅可以让电商企业的内部团队更加完善，也能让企业的发展更加稳固，更能适应市场的需求，更能为转化率提升赋能。

客服要衔接好售前与售后

电商企业的客服，在产品售前与售后环节中起着重要的作用。就售前工作而言，客服要及时地为用户提供相关的产品咨询；就售后工作而言，客服更多的是处理用户的投诉、退换货、产品使用满意度调查等，见表10-1。这是目前电商企业客服的主要工作。当然，这种客服模式在电商的发展过程中可能也会出现一些变化，售后工作会越来越强化，客服的工作重心会转移到对老客户的关注和维护上。

表 10-1

工作环节	具体工作内容
售前	• 解决客户在了解产品过程中的基本问题，让客户放心购买，及时通知用户付款 • 进行关联产品营销推荐，在给用户一定优惠的基础上挖掘用户更深层次的需求 • 售前客服要掌握一定的销售心理学基础，有良好的沟通能力，能对用户需求进行一定的判断，为其推荐更加合适的产品，不断学习，增强推荐技巧
售后	• 处理用户的退换货与投诉问题，能对用户的退换货与投诉进行分析，并及时与其他部门沟通，妥善解决该类情况的发生频率 • 进行用户回访，了解用户对产品的使用体验，发现用户更深层次的需求，为用户提供优惠信息 • 实时记录用户的评价与评分，以及用户相关问题的处理方式与周期。与运营人员相互配合，对产品的售后服务整体效果进行总结，在发现问题的同时有效解决问题

用美工打造的视觉转化

美工是视觉转化的关键，在人们审美意识增强的当下，电商企业对美工的要求也逐渐提高，不管电商企业招聘自己的视觉美工还是将美工业务外包，必须选择更具有优势的美工进行产品视觉设计，让产品在良好的视觉呈现下，随时随地都能得到有效转化。

所以，电商企业要选择合适的美工来为产品打造视觉转化的契机。一般来讲，一个好美工，一般都会具有以下这些特征。

1. 有知识，人文素养高，有自己的视觉设计思想

对一个美工来说，软件使用方面的技巧是基础，这是很多美工都能够具

备的，但是在作品设计方面的魅力，是需要深厚的人文素养来做支撑的。所以有灵魂的视觉作品，不是基本的设计技巧就可以提现的，而是要在产品中融入产生共情的人文元素，这样才可以更好地打动用户。好美工会将产品的视觉呈现设计得更加物超所值，能通过视觉呈现出一种更加积极的态度，并且能根据产品转化率的变化对视觉设计进行实时的更新改善。

2. 超强学习模仿能力

美工的设计灵感，很多都来自于对大师作品的模仿和学习。美工要能够积极地研究和学习优秀的产品视觉呈现作品，这样的美工能够吸收很多设计精髓，从而很好地启发他们设计出更有想法的视觉呈现作品。

3. 不闭门造车，能研究用户，对企业运营有一定的掌握

有知识、有思想的美工，被称为是营销型美工（企划）。好美工设计在产品视觉呈现设计过程中，能对顾客的心理有一定的把握，因而设计出的作品能被用户轻易地看懂，让用户产生一定的情感共鸣，从而促进用户下单。好美工还能将产品特性和企业文化有效融合，在对市场需求信息的掌握下，能进行广告传播活动的运筹规划，能依据市场需求动向让视觉产品适时投入。

适合电商企业的好美工，都是综合能力比较强的美工，他们除了学习各类基本软件（PS 和 AI）和延伸软件（AutoCAD、Flash、DW 等）之外，还在文化、运营等方面进行探索，可以说，好美工都是德才兼备的美工。

把控全局的运营者

电商企业的运营者，担任着指战员的角色，他们的决策关系着电商运营的方向。就电商运营者而言，其主要职能是控制产品质量、对产品结构与布局进行有效调整、想方设法为企业获取流量、合理地进行采购与备货、对物流及客服进行协调、进行市场行情判断与调研、对供应商进行调查与筛选等。所以，电商企业的运营者承担着非常重要的职责，统领着电商企业的运营轨迹，见表 10-2。

表 10-2

优秀电商运营者的表现
可以很好地协调各平台之间的关系。将在手的资源实现转化变现
能够借助实事进行产品的推广，从而为产品获得足够的流量
能够掌控好产品的类目和布局，通过对单价客户库存退款等的数据分析和历史数据追踪得出行业发展情况，并制定可靠的应对措施
能及时发现已有的竞争对手和潜在的竞争对手，且通过对竞争对手的分析，为企业制造更好的发展策略
能将关注点放在提高产品的差异化水平上，以及为产品配备相应的高水平服务，不会将过多的视角放在抢占市场份额上面
具有很好的沟通能力和执行能力，他们能够实时地更新自己的知识，为自己储备足够的运营能力，能站在全局的角度，统筹电商企业内外部的所有资源，并为电商企业制定好适应市场需求的发展路线

年轻态，给组织注入新鲜的血液

互联网营销作为一个新兴的商业模式，因为其新颖，所以被广大的"新人"（年轻人）所接受。我们来看一个例子，大众熟知的淘宝网。根据阿里巴巴的数据显示，淘宝网的买家有超过 70% 是"80 后""90 后"以及"00 后"，在卖家中，"90 后"的比例超过了三分之一。从这些数据可以看出，淘宝网成了一个几乎被年轻人"占据"的地方。

对一个组织来说，其人员构成也是复杂的，但是合理的人才结构是每一个电商企业所追求的。而且对于当下做互联网内容营销的企业组织来说，越是要做好内容，越是要具有一个非常强大的组织，做出能迎合年轻群体多样化需求的内容，这样组织才会有更多的发展机会。

所以，组织发展目标客户在以年轻群体为主时，企业组织适当融入年轻血液，这对于组织来说将会是很好的驱动力量。因为我们知道，年轻人之间的想法是最接近的，甚至可以说年轻人才更懂年轻人，所以组织寻找年轻群体加入，其实就是为自己潜在的年轻用户群体服务。当下，大众普遍适应了社交媒体的应用，当然这其中还是以年轻人居多。所以，社交软件端的年轻潜在用户成了一个组织开发的主要对象，这些人由谁来开发，我们认为，还是由最懂这些人的年轻人来开发最好。

年轻态能给企业注入新鲜的血液，但并不是任何组织都需要调整自己的人才结构，这个年轻态，其实很多时候是针对组织的某些部门和某些岗位而言的。例如，在组织的企划部，如果要做视频营销，这些工作大多数情况下会由年轻人来做。当然，这主要是针对营销内容是年轻群体的视频营销而言的，具体视频营销主播由什么样的角色来做，还需要根据内容的性质来决定，也就是说视频营销内容要与内容的传播者在身份上实现契合为妙。

组织是需要年轻态，但是组织需要什么样的年轻态是一个理性的决策过程，是以一定市场需求依据为指导的。例如，二次元亚文化消费是年轻消费群体的主打，尤其是在"90后"消费群体中，由于他们的成长过程中渗透了诸多二次元亚文化元素，因此，其消费倾向非常热衷于附带二次元亚文化的产品。那么，在针对这些标签明显的二次元消费群体时，组织就需要对类似标签的潜在消费群体的需求进行调研和挖掘。那么这样的工作由谁来做？我们自然而然会想到让类似标签的组织人才来开发这些潜在的用户群体，甚至参与产品的设计，因为他们都具有类似的标签，他们的想法更接近潜在用户的想法，更能从满足用户需求的角度来解决问题。

组织的年轻态是指组织的人才结构要根据市场的需求随机应变。当然，在互联网营销盛行的当下，组织的年轻态也是一种发展理念，年轻态不单单是人才的年轻，还是理念的年轻，思想的年轻，用年轻的理念及思想服务广大的年轻群体，同样能够让组织在获得强大发展动力的同时，带动产品快速进入转化通路。

小攻略 >>>

电商HR的选人用人成长思路

企业的发展与人才的引入是分不开的。在电商企业的发展过程中，优秀人才引入对企业整体运营能力的提升起着至关重要的作用。企业人才的引入工作主要是人力资源部门或行政部门负责，为了能够引入适合企业发展的人才，电商企业HR在选人用人方面要做好全面的统筹规划。

就一般的电商企业而言，其主要职能部门分为：运营部、产品部、客户服务部、物流技术部、财务部、人事部。这每一个职能部门都有其相应的职责，例如，运营部就专注于营销和视觉设计，负责具体的店铺运营、文案策划、美工设计等工作；产品部主要负责产品的研发控制；客户服务部主要负责售前、售后、客户维护等工作；物流技术服务部主要负责审单打印、验货、仓库管理、货品打包等工作；财务部与人事部负责会计核算与人事管理。

可见，一个健全的电商团队，需要每一个部门的相互配合与协作，才能将自己的产品顺利地输送到用户的手中。所以，团队建设是电商企业要注重的一个环节，无论是引入优秀的运营人才，还是引入优秀的产品开发人才，这对于电商企业来说，都是必不可少的。当下，面对电商企业之间日益激烈的竞争，电商企业引入具有新知识、新思维的人才来为企业服务，将会是推动电商企业顺利发展，获取市场份额的关键。

那么，结合电商企业的发展实际，电商企业 HR 在选人、用人方面有以下策略可供参考。

1. 选人策略

首先，电商企业要对企业的岗位设置进行划分，明确自己所需要的岗位，以及满足岗位所需要的任职标准。其次，完善招聘流程，高效招聘，采用网上招聘的模式发布招聘信息。电商企业的大部分岗位都是注重实践积累的，所以，电商企业是比较看重人才的实践积累的。此外，人才所具备的共享意识以及交流协作能力也是至关重要的。

2. 用人策略

放眼电商企业，可以发现，员工普遍表现为低龄化，无论是运营人员，还是客服人员，低龄化是一个突出的特点。所以，在面对较多低龄化员工时，企业要知人善用，用人不疑，也就是在用人方面要多信任、多放手、多授权、多支持。

其实，在市场整体消费群体向年轻化倾斜的消费环境下，为企业引入必要的年轻人，丰富企业的人才结构，是有一定的依据的。年轻人有更敏锐的嗅觉察觉消费市场中年轻消费群体的消费需求及消费状态。例如，在年轻群体中比较盛行的弹幕文化，企业在文案、视觉设计方面，就可以以这种年轻人的爱好倾向为契机，开展企业产品的视觉呈现设计。

当下，电商 HR 已经升级成为 HRBP，也就是由普通人力资源师变为人力资源业务合作伙伴。这就要求电商 HR 能够站在战略的角度，对企业已有的人力资本进行管理，同时还要有效地预测企业未来的智库建设，不断对企业内部沟通渠道进行优化，为企业的持久发展不断注入新鲜的血液。一位成功的 HRBP，善于通过语言描述 HR 问题，能结合 HR 专业知识与业务知识来发现和解决企业内部的人才问题，能关注和支撑业务绩效。

所以，电商企业的 HR，要不断提升自己的能力，要像产品经理那样打磨企业的团队。当然，为了提升企业整体在管理效能上的转变，HR 要对企业的每一位员工进行画像描述，动员每一位员工积极地参与到企业的决策建设当中，同时还要保证团队和员工的迭代与升级。

附　录
详情页设计的五大基本原则

　　详情页设计的根本目标是提高转化率，并且是转化率优化当中非常重要的一个环节。虽然不同类目、不同档次的商品，在详情页设计上存在很大的不同，但是只要能符合以下五个基本原则，在提升转化率方面基本都可以做得很好。

首屏聚焦原则——迅速抓住消费者的目光

什么是首屏聚焦原则呢？即在第一屏，用最短的时间抓住消费者的眼球，让他们能够产生继续看下去的兴趣，而不是关闭你的宝贝页面。有很多版本的说法，但是总结起来就是这样一个意思：如果你不能在30秒钟之内抓住消费者的眼球，那么消费者就可以很轻易地离你而去。

相比线下，从消费者的角度来看，线上还有一个非常大的优势：进出店成本会特别低。你的宝贝如果没有在第一时间吸引顾客，那么顾客就会马上关闭页面离开。

想要首屏聚焦，其实很简单，就是让消费者注意到你的第一屏信息，并且愿意继续拖动鼠标浏览下去。所以商家要解决的第一个问题是：消费者会注意哪些信息。

首先，与其他信息相比，消费者会注意差异化较大的信息。这是人注意力的一个特点：容易被与常规信息相比有很大差异的信息吸引。所以，首先要看一下你的宝贝跟常规宝贝相比是否具有明显差异。

其次，消费者会注意自己很在意的信息。消费者在意什么，你就写什么，例如以下这些：

关注人气——全网热销××件

关注效果——无效全额退款

关注款式——年度流行款

关注售后——专业一对一客服

关注物流——当天急速顺丰

最后，消费者会注意自己预期会出现的信息。消费者其实在进行每一项搜索的时候都是带有"信息预期"的。这是什么意思呢？比如你在淘宝的搜索框里输入一个关键词"毛领羽绒服"。这个关键词的主语是"羽绒服"，"毛领"是一个修饰语，但是，"毛领"才是消费者"期望看到的信息"。

作为商家，需要观察在这个能够带来比较多流量的大词中，有没有比较明显的修饰词，这个修饰词是值得每个商家去关注的。如果没有比较明显的修饰词，就可以以修饰词为主要元素，在首屏展现，尽可能地聚焦。

另外，关于如何聚焦，还应该注意以下几个小细节。

（1）阿拉伯数字要比汉字更能够吸引用户的注意力。

（2）效果上的承诺会更容易吸引消费者的眼球。

（3）一般情况下，文案在左边，图片在右边。

场景带入原则——这个产品是给你准备的

消费者的购买行为流程是：确认需要→收集信息→比较评估→实际购买→购后行为。

不管在哪种消费渠道下，消费者的购买行为一定是从确认需要开始的，也就是说首先要有行为的驱动力。比如，你买一件衣服，要么是天气冷了，要么是你觉得你的旧羽绒服款式太老了，当然也有可能是反季促销。

可见，需要的确认基本上有两个因素：内因和外因。内因一般都是消费者的内在需要引起的，而这种内在需要如果从本质上来讲只有三种：寻找快乐、解决痛苦、提高效率；而外因，有促销影响、别人口碑影响等。

这里只解决内因的问题，因为对于外因来讲，你会发现主要的流量渠道来源无非是活动流量、淘宝客分享流量、口碑流量等。下面来探讨搜索流量。不管是关键词搜索，还是类目搜索，其实代表的都是用户的一种需求，只不过这种需求有时候很精准，有时候又会比较模糊。

继续深入探讨：你在什么情况下需求是最迫切的？为什么要解决这个问题呢？因为你需求最迫切的时候，一定是最容易转化的时候。

那么，什么时候你的需求最迫切？很简单，当你处在相应的场景下的时候，你的需求是最迫切的！比如你在炎炎烈日下，对水、伞、冰激凌等的需求是最迫切的；在冰天雪地中，你对羽绒服、暖气的需求是最迫切的；参加晚宴时，你对礼服的需求是最迫切的。

所以，场景带入原则的精髓就出来了：在详情页的设计中，尽可能通过场景化设计，将消费者"置身于"特定的消费者场景下，从而让他们的需求迫切起来，促进转化。

1. 给你的特定目标人群画像

每一个产品其实都会有特定的人群，你一定要仔细去分析。这些特定人群的特征会跟产品的价格、购买时机、产品卖点等多方面因素相关。分析这些人群特征的最好方法当然是你有足够的数据，然后去统计。但是很多时候只能靠商家自己对行业、产品的了解程度去分析。所以很多时候，当你选择某一个行业或某一类产品作为你进入电商的切入点时，首先应该保证你对行业是熟悉的，最好自己就是这种产品的消费人群。

2. 在特定的人群画像下，有哪些应用场景

例如，一般矮个子女生都希望在任何时候自己都能够高一些，包括逛街、运动的时候。商家对这些消费者人群的画像就是阳光的、运动的、活泼的，他们喜欢运动，经常逛街、打球、爬山等。

所以在详情页设计中，就应该尽可能地加入这些元素，将消费者带到他们设想的场景中去。

3. 确定场景化带入的方式

在详情页中，把消费者带入场景中可以选择的方式无非就是图片和文字。

如果使用图片展示，那么模特图就应该在特定的场景下，或者加上特定的元素，能够让目标受众产生场景联想。

如果使用文字展示，就应该把特定的场景描述出来，以此来唤起目标受众在特定场景下的情感共鸣。

价值塑造原则——值，而不是便宜

购买在本质上是一次交换的过程，那么在什么情况下，交换才能够正常发生呢？答案是：交换双方彼此认为对方的东西是有价值的。换句话说，如果你想让用户购买，那么就应该通过详情页（有时候还要加上客服）的价值塑造。

首先要理解价值指的是什么。这个价值指的是该商品能够满足消费者需求和欲望的能力。每一个消费者在决定是否购买某个商品时，实际上都是在从各个方面去评判该商品的这种能力。

所谓的价值塑造原则，其核心就是：通过详情页的表述，把宝贝的各种价值呈现在消费者面前，让消费者觉得是值得购买的。

对此，可以在详情页中展示以下几项内容。

1. 产品本身的价值

这是在详情页中必须要体现出来的。当然，你还必须知道自己卖的是什么商品，这个商品的价值主要体现在哪些方面。

（1）功能型商品。商品的价值就体现在其具体的功能上。比如洗衣机是洗衣服的，那么就可以说你的洗衣机比别的洗衣机能够更快、更好、更有效地把衣服洗干净；冰箱是冷藏和冷冻食品的，那么就可以说你的冰箱在这方面的功能比别的冰箱更强；如果你想突出羽绒服的保暖效果好，那么就应该说材质有多保暖；想突出款式，就应该突出你的羽绒服有多时尚；若销售一个增高商品，那你就要说能增高多少。

（2）符号型商品。产品本身仅仅是一个载体，更重要的是这个产品的符号功能，所以其产品本身的价值更多地体现在象征价值上。比如鲜花，花语比花本身更重要，价值体现在花语上，而不是鲜花本身上。

（3）感觉型产品。这类产品会给用户制造一种感觉，一种身临其境的感觉。所以，对于这种商品而言，就像前面一个原则所说的，需要将消费者带入一些特定的场景中，制造出一种身处其中的感觉。

（4）参与型产品。通过具体的描述，去制造参与感，将参与的过程描述出来。比如旅游产品，从淘宝网上搜索一下相关的旅游产品，基本都会把特定的行程描述一下，告诉消费者要参与哪些项目。

2. 服务价值

比如免费送货上门、免费安装，以及各种售后服务和一对一的客户辅导，这些虽然不计入产品本身的价值，但是也会成为用户选择的重要内容。

3. 附加价值

你提供的老客户交流服务、赠品等，都属于可以提高转化率的附加价值。

4. 人员价值

客服的专业性、客服的态度、客服的语言风格等，都会影响转化。

5. 形象价值

包括包装、物流、企业规模、所获得的奖项等各种背书所带来的形象价值也会影响消费者的购买。

6. 品牌价值

如果你的产品是知名品牌，别吝啬，把你的"证据"拿出来，比如你的授权证书等。

卖点强化原则——强化记忆点

卖点强化原则是这些原则中最关键的一个。

为什么？正常情况下，你的宝贝都会面临着非常激烈的竞争，一个独特的卖点可以让你从众多的竞争中脱颖而出，能够让你制造一个相对的蓝海出来。

为什么该原则要称为"卖点强化"原则，而不是"突出卖点""提炼卖点"等？

什么叫卖点强化？首先你要明确，卖点强化并不是说你只突出一个卖点，而忽略其他卖点。只不过应该要有一个核心卖点，其他的都是辅助卖点。辅助卖点要尽可能强化核心卖点，如果无法强化，那么核心卖点就应该被放在前面并且占较大的篇幅。这才是卖点强化。

为什么核心卖点只有一个最好？这是因为消费者的记忆能力是有限的。重复出现的信息、差异较大的信息、预期的信息，这些都能强化消费者的感官。当商家不断强化一个核心卖点的时候，实际上就是通过差异化、重复性等方面，让消费者记住，并且深刻感受到。

速战速决原则——制造紧迫感

不管是线上还是线下，用户思考的时间越久，不转化的可能性就越大。换句话说，一定要速战速决，把用户思考的时间尽可能缩短，让他们觉得现在不买就来不及了。这可以称为速战速决原则。

那么，可以在详情页的开始就执行速战速决原则吗？可以，但是不如放在最后效果好，理由是：如果你的详情页可以一直让用户看到最后，而没有跳失，那么至少说明一个问题——消费者对你的产品是感兴趣的，一直没有下单，可能是有一些异议，这些异议通过一些方式也许就能解决，比如调价格、做好服务等。这时候，通过一些活动的设计，在促进消费者转化方面，效果就会好一些。这种活动的设计主要包括以下内容。

1. 限时送东西

活动的设计主要有以下几种。

（1）每天限定时间段。每天在固定的时间段开展活动，只要是在这个时间段内成交的用户，就送一些赠品。这种方式的关键是时间的选择，商家可以根据访客量多少确定相应的时间段来做活动。

（2）限定在下架周期前。不管什么时候，下架时间的权重是一直存在的，对你的宝贝本身来说，你的下架时间得分是在不断提高的。那么你就可以在详情页当中设置一个活动：截止到 ×× 月 ×× 日 ×× 时，赠送 ×× 东西。

从理论上来讲，因为越接近你设定的时间点，消费者购买的紧迫性就越强，转化率就越高，所以对你来说，无形之中，你做出了一个较好的螺旋上升。

（3）限定第二个下架周期开始之后到什么时候为止。一般情况下，对于新品来说，在第一个下架周期期间，考核的指标有点击率、收藏、加购等。第一个下架周期破零销售就可以。

因为你限定在了第二个下架周期开始之后到××时间点为止，所以在第一个下架周期，会有比较多的收藏和加购，然后在第二个下架周期开始后购买。这样做，一般配合两点：限量，即限多少名之内；活动结束后，设一个促销价格。

2. 限量送东西

这种类型的活动比较简单，下面介绍两种方法。

（1）前多少名送××。为了更进一步地促进转化，这里还可以采用这种方法。即使不刷单，也能达到比刷单好很多倍的效果。这种活动让消费者觉得很值，而且有紧迫感，因此下单率也会更高。

（2）限量多少件送完为止。这个方法实际上就是限定赠品的数量，送完为止，操作简单，效果也不错。

3. 阶梯式涨价（返现的方式）

作为商家，最好不要去修改价格，因为每次的价格修改都可能导致搜索引擎重新收录，从而导致降权。所以涨价最好采用阶梯式返现的方式。例如：

1~10 名，返现 50 元；11~30 名，返现 30 元；31~50 名，返现 20 元；51~100 名，返现 10 元；101 名及以后，原价。

速战速决原则，最大的作用实际上就是"临门一脚"。